JN440798

How Bright are the Northern Lights? : Some Questions about Sweden

스웨덴의 복지 오로라는 얼마나 밝은가?

맨슈어 올슨 지음

최광 · 이성규 옮김

How Bright are the Northern Lights?:
Some Questions about Sweden

Mancur Olson

1990

Institute of Economic Research, Lund University, Sweden

스웨덴의 복지 오로라는 얼마나 밝은가?

초판1쇄 인쇄 2014년 5월 24일
초판1쇄 발행 2014년 5월 31일

지은이 맨슈어 올슨
옮긴이 최광 · 이성규
발행인 노현철
발행처 도서출판 해남

출판등록 1995. 5. 10 제 1-1885호
주소 서울특별시 서대문구 충정로 38-12(충정로 3가) 우리타워 6F
전화 739-4822 **팩스** 720-4823
이메일 haenamin30@naver.com
홈페이지 www.hpub.co.kr

ISBN 978-89-6238-076-7 93320

역자 머리말

스웨덴의 대규모 복지 정책은 높은 세금과 매우 관대한 사회보험으로 유명하며, 이것들은 사람들의 유인을 왜곡함으로써 경제성과를 크게 저해할 것이라고 예측되었다. 그러나 스웨덴에서는 이와 같은 예측 상황은 발생하지 않았다. 일반적으로 경제성장과 복지국가는 양립(兩立)하기 어려운 것으로 알려져 있지만, 스웨덴에서는 이들 두 가지가 양립되는 것처럼 보였다. 과연 스웨덴의 비밀은 무엇인가?

올슨은 '스웨덴이 성공적인 경제성과를 기록한 기간'을 중심으로 다음 두 가지 중요한 질문을 제기함으로써 자신의 논리를 독특하고 명쾌하게 전개하였다(본서는 1986년에 저술되었음에 유의하기 바람).

① 스웨덴 경제는 왜 지금보다 더 나아지지 않는가?

② 스웨덴 경제는 왜 지금보다 더 나빠지지 않는가?

첫 번째 질문에 대한 올슨의 대답은 주류 경제학에 의존하고 있다. 즉, 스웨덴의 경제성과가 더 나아지지 않는 이유로 "스웨덴의 편평(扁平)한 임

금격차, 높은 이전지급, 그리고 높은 세금에 있다"고 주장하였다. 이러한 대답은 확실히 틀리지 않으며, 이에 대해 우리는 이미 잘 알고 있다. 그러나 올슨이 제기한 두 번째 질문은 '새로운 것'으로서 매우 흥미롭다. 즉, 대규모 공공부문과 잘 발달된 복지국가가 경제성장에 커다란 장애물 역할을 함에도 불구하고 스웨덴 경제는 더 나빠지지 않고 놀라운 성과를 기록해 왔다. 그 이유가 무엇인가? 이 질문은 본질적으로 스웨덴의 과도한 복지국가가 경제성장을 왜 저해하지 않아 왔는가와 동일한 것이다. 이 질문은 예리할 뿐만 아니라 매우 놀라운 것이다.

올슨은 "안정적인 사회들(stable societies)은 시간이 지날수록 점차적으로 경화(硬化)되어 간다"고 주장하였다. 이를 바탕으로 올슨은 다음 두 가지 혁신적인 주장을 제기하였다. 첫 번째 주장은 그의 『집단행동의 논리』(1965)로부터 나온 것으로 "안정적인 사회는 시간이 지날수록 더 많은 공모활동과 집단행동 조직을 가지는 경향이 있다"는 것이다. 두 번째 주장은 그의 『국가의 흥망성쇠』(1982)에 바탕을 둔 것으로 "대체로 특수이익집단들과 공모활동들은 사회 전체의 효율성과 국민총소득을 감소시키고, 정치를 더욱 분열시킨다"는 것이다. 이러한 주장에 따르면 스웨덴은 오랫동안 안정적인 사회이었기 때문에 '매우 경화적일 것'이라고 예측할 수 있다. 그러나 오랫동안 안정적인 사회를 유지해 온 스웨덴의 경제성과가 이론이 예측하는 바와 달리 과거에 비해 더 나쁘지 않아 왔다. 그 이유는 무엇인가?

이와 같이 올슨 교수의 두 번째 질문에 대한 대답은 다음과 같이 전개된다. 첫째, "대규모 공공부문은 반드시 경제성장을 크게 저해하지 않는다"라고 주장하였다. 이는 많은 사람들의 일반적 믿음과 다르며, 이를 뒷받침하기 위해 통계 자료와 '새로운' 설명을 제시하였다. 과도한 복지정치는 항상 대규모 재분배와 관련되어 있다. 그러나 재분배 정책은 두 가지 다른 유형을 가지고 있다. 올슨은 재분배 정책을 '명시적 재분배'(explicit redistribution)와 '암묵적 재분배'(implicit redistribution)로 구분하였다. 먼저, 명시적 재분배는 '납세자들로부터 재분배가 반드시 필요하다고 생각되는 특정 수혜자들에게로 지급되는 현금 이전(cash transfer)'을 의미한다. 반면에 암묵적 재분배는 '새로운 법률에 의해 일부 선택된 사람들이나 기업들에게 특혜를 제공하는 것'을 말한다. 암묵적 재분배의 예로 특정 산업을 편애하는 관세나 쿼터(quota, 수량할당)를 들 수 있다. 그러한 법률들은 '사회 전체에 이익이 된다'는 이유로 제안되며, 그 결과 그들이 가지고 있는 '재분배적 성격'을 교묘히 감출 수 있다. 명시적 재분배는 공공부문을 증대시키지만, 암묵적 재분배는 보통 그렇지 않다. 그러나 암묵적 재분배는 명시적 재분배보다 사람들의 유인을 훨씬 더 왜곡시키며, 그 결과 경제성장에 더 해로운 영향을 미칠 수 있다. 또한 올슨은 '눈에 띄지 않는 재분배'(inconspicuous redistribution; 즉, 암묵적 재분배)는 '눈에 띄는 재분배'(conspicuous redistribution; 즉, 명시적 재분배)보다 종종 사회에 더 큰 비용을 초래한다. 왜냐하면 눈에 잘 띄지 않는 비용은 대체로 줄이거나 최소화하기 더 어렵기 때문이다. 암묵적 재분배로부터 초래되는 자중손실(deadweight loss; 또는 사중손실)은 수혜자들이 받는 혜택들보다 훨씬 더 클 것이다.

이러한 개념을 바탕으로 올슨은 스웨덴의 복지국가는 대부분 암묵적 재분배보다는 주로 '명시적 재분배'에 치중하고 있으며, 이것이 스웨덴의 경제성과가 놀라울 정도로 좋은 첫 번째 이유라고 설명하였다. 다음으로 올슨은 소국(small country)의 경우에 '국제무역 정책'의 중요성에 주목하였다. 많은 사람들의 생각과 달리 올슨은 "자유무역이 경제성장에 매우 중요하다"고 주장하였다. 올슨은 통계 분석을 통해 관세 정책이나 쿼터 정책과 같은 '보호주의적 정책들'(protective policies)은 거의 보편적으로 경제성장을 크게 저해함을 보여 주었다. 물론 이러한 결과는 암묵적 재분배가 초래하는 해로운 효과를 예시해 준다. 보호주의적인 정책들에 의해 보호를 받는 기업들은 수많은 외국 기업들과의 경쟁에 노출되지 않으며 또한 쉽게 카르텔을 결성할 수 있으며, 그로 인해 국가경제 전체가 손실을 보게 된다. 그러나 스웨덴은 제조업부문에서 결코 높은 보호주의적인 장벽을 가진 적이 없다. 이것이 스웨덴의 경제성과가 놀라울 정도로 좋은 두 번째 이유이다.

그러면 스웨덴이 명시적 재분배에 치중하고 보호주의적 정책들이 적은 이유는 무엇인가? 이에 대한 올슨의 대답은 스웨덴의 주요 로비집단들은 대부분 '망라적'(encompassing, 포괄적)이며, 이로 인해 경제성장에 해로운 정책 도입이 방지된다. 망라적(網羅的) 집단(encompassing organization, 포괄적 집단)이란 "어느 집단에 소속된 회원들이 자국의 소득획득 산출력(income-earning capacity)에서 커다란 비중을 차지하는 집단"(예를 들면, 스웨덴 노동조합 총연맹이나 경영자연합회 등)을 의미한다. 이러한 집단들과 그들의 회원들은 대부분 그들 자신의 활동들에 의해 영향을 받기 때문에 이들은 '신중하게'(prudent, 책임 있게) 행동하려는 강한 유인을 가지게 된다. 올슨에 의하면 망라적 집단들은 그들이 살고 있는 사회를 더욱 번창시키려는 강한 유인을 가지고 있으며, 그들의 회원들에게 초과부담(excess burden)을 최소화하면서 소득을 재분배하려는 유인을 가지고 있다. 또한 망라적 집단들은 재분배되는 금액이 재분배가 초래하는 사회적 비용에 비해 크지 않다면 그러한 재분배를 중지하려 할 것이다. 망라적 집단의 반대는 '소규모 배타적 집단'(narrow organization)이며, 소규모 배타적 집단들은 일반적으로 무책임하게 행

동하려 할 것이다. 따라서 올슨은 스웨덴의 경제성과가 놀라울 정도로 좋은 이유는 바로 스웨덴의 로비집단들이 대부분 소규모 배타적이지 않고 '망라적'(포괄적)이기 때문이라고 주장하였다. 그러나 올슨은 스웨덴의 집단들이 망라적(포괄적)인 이유에 대해서는 설명하지 않고 있다. 또한 올슨은 스웨덴의 경제가 놀라울 정도로 좋은 성과를 기록한 비체계적인(ad-hoc) 설명들로서 '스웨덴 경제학자들의 우수한 자질'과 '스웨덴 수출 산업의 특이한 역사적 경험'을 들었다.

그리고 본서를 통해 저자가 우리들에게 전달하고자 하는 신념을 소개하고자 한다.

> "어느 한 사회가 지능적인(intelligent, 공개적이고 투명한) 정책과 제도들을 가지고 있다면 그 사회는 빈곤을 막을 수 있고, 빈곤한(또는 가장 운이 나쁜) 시민들에게 충분한 재분배(이전지급)를 제공해 줄 수 있으며, 그럼에도 그 사회는 번창하고 역동성을 유지할 수 있다. 어떤 사회(국가)가 정책과 제도를 공개적이고 투명하게 고안한다면 그 사회는 '빈곤한 사람들에 대한 재분배'(명시적 재분배)와 '경제번영'을 동시에 달성할 수 있다. 다시 말하면, 만약 어느 한 사회가 외국 제품들(수입품)에 대해 시장을 개방하고, 특수이익집단을 위한 입법, 기업들의 카르텔 및 담합 등을 피할 수 있다면, 이 사회는 재분배(이전지급)를 통해 가난한 시민들의 빈곤을 크게 완화시키면서도 동시에 혁신적(역동적)이고 경제번영을 이룩할 수 있다. 나는 이제까지 나의 이러한 확신을 제대로 전달해 왔다고 생각한다. 나의 이러한 확신은 '스웨덴 복지국가'의 기본 이상과 일맥상통한다고 할 수 있다. 따라

서 나는 '오로라가 정말로 존재한다'고 확신한다. 오로라는 실로 아름다울 뿐만 아니라 이들 사회가 나아갈 대략적인 방향을 제시해 주기도 한다. 그러나 만약 어떤 사회가 추가적 광원(光源, 재분배의 재원) 없이 앞으로 돌진하려 한다면 오로라는 서서히 파국으로 빠져드는 사회를 구할 수 있을 만큼 그렇게 밝거나 안정적이지는 못하다. 따라서 오로라는 여전히 존재하지만 그렇게 밝지는 못하다!"

본서의 저자인 고(故) 올슨 교수(1932~1998년)는 심지어 전문가들조차도 3~4줄로 설명해야 하는 것을 한 줄로 간결하게 설명하는 능력을 가진 분으로 유명하다. 따라서 원문은 다소 어렵게 서술되어 있지만 역자들이 심혈을 기울여 번역하고자 하였으며, 한번 '꼼꼼히' 읽어 보고자 노력한다면 그가 던지는 많은 혜안(慧眼)들을 느낄 수 있을 것으로 확신한다.

마지막으로 출판시장의 어려운 상황에도 불구하고 상당한 인내심과 노력을 요하며 읽어야 하는 본서를 기꺼이 출간해 주신 도서출판 해남 노현철 사장님의 열정에 심심한 감사의 말씀을 드린다.

2014년 5월 7일

역자를 대표하여 이성규 씀

소개의 글

스웨덴식 복지국가(Swedish welfare state)는 지난 수십 년 동안 자본주의와 공산주의의 '중간노선'(middle way, 중도)으로 자주 논의되어 왔다. 최근 동유럽 공산주의 경제(국가)들의 붕괴는 '스웨덴 모형'(Swedish Model)의 미래에 대한 논쟁에 새로운 불을 지피는 계기가 되었다.

이러한 시점에 맞추어 올슨 교수는 본서를 집필하였다. 올슨 교수는 현재 미 메릴랜드대학교에서 경제학 교수로 있으며 '공공선택 이론'(public choice theory)을 발전시키는 데 크게 기여한 선구자들 중의 한 사람이다.

본서에 제시된 논의들은 올슨 교수의 1986년 룬드(Lund)대학교에서 거행된 크라푸드(Crafoord) 강연 내용을 더 발전시킨 것이다. 무엇보다도 올슨 교수는 그의 이전 주요 저서들인 『집단행동의 논리』(*The Logic of Collective Action*, 1965)와 『국가의 흥망성쇠』(*The Rise and Decline of Nations*, 1982)[1]에서 제기한 여러 개념들을 기초로 하여 '스웨덴식 복지국가'를 떠받들고 있는 스웨덴의 독특한 제도들과 정책들을 분석하기 위한 새로운 분석틀(framework)을 놀라운 혜안을 가지고 설명하고 있다.

1) 『국가의 흥망성쇠』는 스웨덴 라티오(Ratio) 출판사에 의해 스웨덴어로도 번역되었다.

올슨 교수는 상이한 유형의 재분배 정책들이 경제성과(경제성장)에 아주 다른 효과를 미칠 수 있다는 것을 특이한 방식으로 설명하고 있다. 올슨 교수는 재분배 정책을 '암묵적 재분배 정책'(implicit redistribution)과 '명시적 재분배 정책'(explicit redistribution)으로 구분하였다. '암묵적' 재분배 정책들은 덜 분명한(투명한) 특징을 가지고 있으며 특정 산업들을 보호하는 데 그 목적이 있고, 반면에 '명시적' 재분배 정책들은 현금 이전지급(cash transfer)의 형태로 저소득 계층들을 지원하는 데 그 목적이 있다. 이를 바탕으로 올슨 교수는 암묵적 재분배 정책들이 '명시적' 재분배 정책들보다 경제성과(경제성장)에 더 해로운 영향을 미친다고 주장하고 있다. 또한 각종 소득재분배 정책들은 '사회적 비용'(social cost)을 초래하며, 사회적 비용은 각종 소득재분배 제공시 부가되는 조건들(conditions)에 달려 있다. 다시 말하면, 소득재분배 정책들이 초래하는 사회적 비용은 소득재분배가 사람들의 인센티브에 미치는 영향에 달려 있다.

올슨 교수의 예리한 분석은 우리들에게 새로운 개념들과 특성들, 그리고 질문들을 제공해 준다. 올슨 교수의 통찰력 있는 주장과 분석 수단들은 '스웨덴식 복지국가 모형'이 가지고 있는 장기 활력(活力, dynamics)을 더 잘 이해하는 데 매우 효과적이라고 생각하며 이 글을 마친다.

1990년 11월

말름(Allan T. Malm)

룬드대학교 경제연구소 소장

머리말

본 소책자는 공공 정책들과 제도들에 관한 '스웨덴 모형'(Swedish Model)을 찬성하거나 반대하기 위하여 쓰여진 것이 아니다. 그 대신 본서의 목적은 새로운 관점에서 스웨덴의 독특한 공공 정책들과 제도들을 살펴보는 데 있다. 우리가 이러한 색다른 관점에서 스웨덴의 상황을 살펴본다면 공공 정책들(특히, 소득재분배 정책)에 대한 새로운 질문들과 대안들이 떠오를 것이다. 나는 스웨덴과 다른 나라에 있는 많은 전문가들에게 본서의 초고(草稿)를 읽고 비평해 줄 것을 요청하였다. 그 결과, 본서에서 제기한 내 주장에 대해 좌 · 우 양 정치적 스펙트럼들로부터 많은 공감을 받았다.

나는 스웨덴 전문가가 아니기 때문에 많은 사람들에게 도움을 요청해야만 했다. 내가 스웨덴 사정에 관해 정통하지 못했기 때문에 본서의 주장은 거의 다른 국가들에 대한 '관찰'과 '이론적 반추'로부터 나왔다. 또한 나의 제한된 지식과 정보가 심각한 오류를 가져올지도 모른다는 우려 때문에 생각에 생각을 거듭하는 데 많은 시간을 할애하였다. 우연하게도 본서의 주장은 1986년 가을에 Ingemar Stahl 교수가 스웨덴 룬드(Lund)대학교에서 주관하는 Holger Crafoord 기념 강연에서 발표해 줄 것을 요청함으로써 시작되었다. 많은 사람들로부터의 관대한 도움이 없었다면 나는 결코 본서를 완성하지 못했을 것이다.

본서가 가지고 있는 모든 가치는 대부분 본서를 읽고 비평해 준 사람들의 도움 때문이라고 생각한다. 나의 주장과 관련하여 많은 비평들이 있었지만 일부 잘못된 비평들도 있었음을 밝혀 두고자 한다. 그러나 최소한으로 줄이더라도 나는 다음 분들로부터 매우 유익한 비평들을 받았으며, 그들의 비평에 대해 충심으로 감사를 드린다. 즉, Peter Bohm, Karl-Olof Faxen, Robert J. Flanagan, Anna Hedborg, Jorgen Holmquist, Sten Johansson, Jan Karlsson, Peter J. Katzenstein, Walter Korpi, Jan-Erik Lane, Assar Lindbeck, Carl Johan Ljungberg, Per-Martin Meyerson, R. M. Mitra, Victor A. Pestoff, Olof Ruin, Goren Therborn, Claudio Vedovato, 그리고 Carl-Johan Westholm 등의 비평은 본서를 발전시키는 데 유익하였다. 또한 Chris Bartlett, Brendan Kennelly, Adele Krokes, Richard Lewis, Venka Macintyre, 그리고 Young Park 등도 본서의 연구와 출판을 위한 준비 과정에서 귀중한 도움을 헌신적으로 베풀어 주었다. 그럼에도 불구하고 본서의 모든 결점은 전적으로 나의 책임임을 밝힌다.

1990년 후기

본서는 1990년 10월에 발생한 스웨덴의 경제위기 이전(1986년)에 쓰여졌다. 특히, 1990년 10월 26일 스웨덴 정부의 공공지출 삭감안이 발표되기 이전에 쓰여졌다. 본서의 주장(특히, 마지막 장에서의 주장)은 독자들로 하여금 1990년 10월 당시에 발생한 스웨덴의 경제위기를 예상하거나, 또 다른 위기들이 발생할지도 모른다는 것을 기대하는 데 하나의 실마리를 제공해 줄 것이다. 그럼에도 불구하고 나는 스웨덴 크라운화(crown)의 평가절하의 공포로부터 발생하는 '단기 문제'에 대한 논의를 본서에 새로이 추가할 그 어떤 의도도 찾지 못했다. 왜냐하면 본서는 단기적인 성공이나 위기보다는 스웨덴 경제의 좀더 근원적이고 장기적 특성에 초점을 맞추고 있기 때문이다. 장기적인 관점에서 보면 스웨덴의 1990년 10월 경제위기는 그 자체로서는 그렇게 중대한 사건이 아닌 것 같다. '일시적' 평가절하는, 만약 사람들이 과거에 발생한 일련의 평가절하에 대해 불안감을 느끼지 않는다면, 스웨덴 경제의 장기 미래에 대해 그 어떤 우려도 야기시키지 않을 것이다. 따라서 나는 단기적인 문제들보다 본서에서처럼 근원적이고 구조적인 문제들에 대해 분석의 초점이 맞추어져야 한다고 믿는다. 왜냐하면 근원적이고 구조적인 문제들이 충분히 이해된다면 단기적인 어려움들을 극복하는 방법은 비교적 쉽게 찾을 수 있을 것이기 때문이다.

1990년 11월 1일

맨슈어 올슨(Mancur Olson) 씀

차례

제 1 장

스웨덴은 대규모 복지국가임에도 불구하고 왜 더 나빠지지 않는가?

01

스웨덴은 대규모 복지국가임에도 불구하고 왜 더 나빠지지 않는가?

1. 서론

반 세기 이상 동안 스웨덴은 전 세계에서 '독특한 정책과 제도들'을 가진 국가로 알려져 왔다. 즉, 스웨덴은 오래 동안 공산주의(사회주의)와 자본주의 간의 '중간노선'(middle way), 즉 '스웨덴 모델'로 유명하였다.[1] 이러한 스웨덴 시스템은 매우 관대한 복지국가(welfare state)를 시행하고 있으며, 또한 스웨덴은 몇 가지 독특한 제도들도 가지고 있다. 이러한 제도들은 결코 가볍게 취급되어서는 안 되며, 우리는 나중에 이들에 대해 자세히 논의할 것이다.

스웨덴의 독특한 제도들은 정말로 '오로라'(northern lights)인가? 다시 말하면, 스웨덴의 그러한 제도들은 과연 세계 각국들이 경제 및 사회 정책들을 결정하거나 채택할 때 대강의 방향을 잡기 위하여 이용할 수 있는 하나의 오로라(나침판)인가? 여타 국가들에서의 다른 제도들과 비교해서 스웨덴의 독특한 제도들이 얼마나 잘 작동하고 있는지를 알기 전까지는 단정적으로 말할 수 없다. 따라서 "오로라가 얼마나 밝은가?"라는 질문에 답하기 위

1) Lundberg, Erik, "The Rise and Fall of the Swedish Model," *Journal of Economic Literature*, Vol. 23, 1985.

해서 우리는 먼저 "스웨덴이 어떻게 하고 있는가?"에 대해 알아보아야 한다. 환언하면, "오로라가 얼마나 밝은가?"에 대해 대답하려면 먼저 현재 "스웨덴의 경제 상태가 어떤가?"를 알아보아야 한다.

그러나 스웨덴은 다른 국가들과 달리 몇 가지 독특한 제도들과 정책들을 가지고 있다. 각 제도들과 정책들은 스웨덴의 경제성과에 각기 다른 영향을 미치고 있다. 어떤 제도들과 정책들은 스웨덴의 경제성과를 향상시키지만, 다른 제도들과 정책들은 경제성과를 쇠퇴시킨다. 그 결과 '종합적인' 경제성과의 측정치(예를 들면, GDP)만으로 스웨덴이 가진 독특한 제도들 각각이 미치는 실제적인 효과를 정확히 알 수 없다. 그와 같이 획일적이고 단일 원인적인 접근법(monocausal approach)으로는 불충분하다. 따라서 "스웨덴이 어떻게 하고 있는가?"에 대한 일반적인 질문을 다음 두 가지 질문으로 나눌 필요가 있다.

첫째, 스웨덴의 경제는 왜 지금보다 더 좋아지지 않는가?
둘째, 스웨덴의 경제는 왜 지금보다 더 나빠지지 않는가?

이러한 두 질문들은 표면상 거의 유사한 것 같지만, 그 대답은 결코 유사하지 않다. 첫 번째 질문에 대한 대답은 일반적이고 분명하지만, 두 번째 질문에 대한 대답은 불분명하다.

첫 번째 질문에 대한 대답은 우리들에게 너무 친숙하고 일반적이어서 여기서 간단히 언급만 할 것이다. 첫 번째 질문에 대한 대답은 다음 세 가지로 요약된다. 우선, "소득이전(또는 소득재분배)과 공공부문이 다른 비(非)공산국가들에 비해 종종 스웨덴에서 더 크다는 점이다. 스웨덴의 정부지출과

소득이전은 종종 스웨덴 GDP의 3/5(=60%) 이상을 차지할 때도 있다. 둘째, 스웨덴의 세율도 다른 국가들에 비해 매우 높다. 대부분의 스웨덴 사람들은 한계소득의 절반, 심지어 2/3(=67%) 또는 4/5(=80%) 정도를 세금으로 납부해 왔다. 마지막으로, 스웨덴은 매우 강력한 노동조합인 LO(노동조합총연맹) 때문에 종종 임금 격차가 매우 낮거나 거의 없는 편이다. 이는 노동자들의 근로 유인을 저하시키고 숙련노동에 대한 투자를 위축시켜 왔다. 스웨덴의 저명 노동경제학자인 플래나건(Robert Flanagan)에 따르면, "어떤 외국 경제학자가 스웨덴 노동시장을 피상적으로 보면 첫 번째 반응은 '노동시장이 잘 작동하고 있다'고 깜짝 놀랄 것이다."[2] 왜냐하면 스웨덴의 노동시장은 임금 격차가 거의 없고, 한계세율이 매우 높고, 정부가 지원하고 있는 근로 대체안들이 수없이 많음에도 불구하고 여전히 잘 작동하고 있는 것처럼 보이기 때문이다. 따라서 첫 번째 질문(즉, "스웨덴의 경제는 왜 지금보다 더 좋아지지 않는가?")에 대한 이와 같은 일반적 대답은 우리들에게 이미 잘 알려져 있을 뿐만 아니라 심지어 강조되고 있다.

이 점이 두 번째 질문(즉, "왜 스웨덴은 더 나빠지지 않는가?")을 더욱 어리둥절하게 만든다. 놀랍게도 플래나건 자신도 스웨덴이 "잘 작동하고 있다"고 결론 내린 바 있다. 어떤 중요한 의미에서 이 결론은 확실히 '사실'이다. 입수 가능한 최상의 측정 자료(예를 들면, 1인당 소득)에 따르면 스웨덴은 세계에서 부유한 국가들 중의 하나이다. 스웨덴의 1인당 실질소득은 대부분의 서유럽 국가들의 1인당 소득만큼 높거나, 또 어떤 시기에는 서유럽 국가들보다 약간 더 높았던 적도 있다. 이것은 하나의 수수께끼와 같다. 스웨덴은

2) 최근 플래나건은 브루킹스연구소를 통해 스웨덴의 노동시장에 대한 연구를 발표하였다(Flanagan, Robert, "Efficiency and Equality in Swedish Labor Markets," in Barry Bosworth and Alice Rivlin, eds., *The Swedish Economy*, Washington, D.C.: The Brookings Institution, 1987, p. 172).

왜 스웨덴과 '반대의 특징'을 가진 국가들(즉, 공공부문이 더 적고, 세율이 더 낮고, 포괄적인 노동조합이 임금 평준화에 개입하지 않는 국가들[3])보다 1인당 소득이 더 낮지 않은가?

예를 들면, 스웨덴의 1인당 소득이 왜 아일랜드의 1인당 소득 수준보다 2배나 더 높은가? 아일랜드 사람들과 스웨덴 사람들이 같은 국가에 이주한 경우 그들의 소득은 비슷할 것이다. 그러나 스웨덴 경제가 아일랜드 경제보다 훨씬 더 생산적이라는 데(또는 1인당 소득이 더 높다는 데)에는 의문의 여지가 없을 것이다.

또한 현재 스웨덴의 1인당 소득이 왜 영국보다 더 높은가? 1인당 소득은 오래 동안 '영국'에서 훨씬 더 높았다. 1870년에 스웨덴은 비교적 가난한 국가였으나, 영국은 그 당시 세계에서 1인당 소득이 가장 높은 국가였다.[4] 그러나 이제 상황이 역전되었다. 그 동안 영국에 비해 스웨덴은 공공부문이 더 커져 왔고, 한계세율이 더 높아 왔고, 노동조합이 임금 평준화를 더욱 강하게 실시해 왔지만 스웨덴의 1인당 소득이 영국보다 더 높아지게 되었다.

마지막으로, 아르헨티나는 과거에 1인당 소득이 스웨덴보다 매우 더 높았으나 지금(1986년 당시)은 훨씬 더 낮다. 아르헨티나가 1인당 소득 면에서 서유럽 국가들보다 훨씬 더 뒤처지기 때문에 비록 아르헨티나의 인구가 거의 유럽 혈통이지만 이제 그들 국가와는 더 이상 비교할 수 없다. 그러나 20세기 초반에 아르헨티나는 전 세계에서 1인당 소득이 10위권 안에 드는 국가였고, 꽤 오랫동안 스웨덴보다 더 높은 생활 수준을 유지해 왔다. 그 결

3) [역자주] 저자는 이러한 국가들로 아일랜드, 영국, 아르헨티나를 들고 있다.
4) 이는 당시 자원이 풍부한 호주를 제외시킨 경우이다.

	스웨덴	아일랜드, 영국, 아르헨티나
공공부문	더 큼	더 작음
세율	더 높음	더 낮음
노동조합	강력함	약함
결과	스웨덴의 1인당 소득이 아일랜드, 영국, 아르헨티나보다 더 높음	

과 아르헨티나가 서유럽 국가들과 스웨덴에 뒤처지는 기간 동안 아르헨티나의 저소득 계층들에 대한 소득재분배와 복지국가는 스웨덴에 비해 비교할 수 없을 정도로 더 적어지게 되었다. 심지어 아르헨티나 정부가 보호주의 정책과 개입주의 정책을 실시하고 있지만 아르헨티나가 과연 '복지'국가라고 부를 수 있는지조차도 의문이다.

전 세계의 많은 사람들은 스웨덴의 경제가 아일랜드, 영국, 아르헨티나보다 더 나을 뿐만 아니라 가장 성공적인 경제성과를 기록한 국가들 중의 하나라고 주장할지도 모른다. 이러한 주장은 내 논의를 정당화하는 데 필요한 것보다 훨씬 더 강한 결론이다. 그러나 신중을 기하기 위하여 나는 스웨덴 경제성과에 대한 측정치들 중에서 가장 낮은 측정치를 사용하고자 한다. 그런 다음 우리는 ① 스웨덴 경제가 왜 잘 작동하고 있으며 또 잘 유지되고 있는지, ② 스웨덴이 왜 선진국에 속하는지, ③ 스웨덴이 왜 '덜 평등주의적인 정책들'(less egalitarian policies)을 실시하고 있는 아일랜드, 영국, 아르헨티나 등에 비해 더 나은지 등에 관해 질문을 던질 것이다.

2. 첫 번째 질문에 대한 일반적인 대답이 틀린 것인가?

일부 사람들은 두 번째 질문(즉, "왜 스웨덴은 더 나빠지지 않는가?")에 대한 대답으로 단순히 '첫 번째 질문(즉, "왜 스웨덴은 더 좋아지지 않는가?")에 대한 일반적 대답이 틀린 것'이라고 주장할 수 있다. 즉, 스웨덴의 1인당 소득이 스웨덴과 반대의 특징을 가진 국가들(즉, 더 적은 공공부문, 더 낮은 한계세율, 그리고 덜 평등주의적인(또는 임금 평준화를 덜 요구하는) 노동조합을 가진 국가들)에 비해 더 높다는 사실[5]은 스웨덴 사람들이 제도 및 정책들이 제공하는 각종 인센티브[6]에 그렇게 민감하지 않으며, 또한 복지국가로 인한 자원배분의 각종 왜곡들[7]은 사실상 중요한 문제가 아니라는 것을 의미한다. 즉, 만약 스웨덴 사람들이 공공부문이 크든 작든, 한계세율이 높든 낮든, 평등주의적인 노동조합이 강하든 약하든 이들 인센티브에 거의 반응하지 않는다면 첫 번째 질문에 대한 일반적 대답은 '틀린 것'이라고 주장할 수 있을 것이다. 그 결과 스웨덴의 1인당 소득은 스웨덴과 반대의 특징을 가진 국가들에 비해 더 높다는 것을 의미한다. 따라서 첫 번째 질문에 대한 일반적 대답을 틀린 것이라고 주장할 수 있다.

그러나 나는 본서에서 첫 번째 질문에 대한 이미 잘 알려진 일반적인 대답이 대부분 '옳다'고 주장할 것이다. 그러나 이를 위해 몇 가지 요인들이 보완되어야 한다. 이러한 보완적 요인들은 '스웨덴의 1인당 소득 수준이 왜 높은지'를 설명하는 데 유용할 뿐만 아니라, '올바른 제도와 정책들을 가진

5) [역자주] 바꾸어 말하면, 스웨덴이 다른 국가들에 비해 더 큰 공공부문, 더 높은 한계세율, 그리고 더 평등주의적인 노동조합을 가지고 있을지라도 그들 국가들에 비해 1인당 소득이 더 높다는 사실을 말한다.
6) [역자주] 즉, 공공부문, 한계세율, 노동조합 등이 제공하는 '인센티브'를 말한다.
7) [역자주] 이는 특히 스웨덴 복지국가의 비평가들을 선동하는 주요 요인이다.

어떤 사회(국가)가 저소득층들[8]에게 더 나은 재분배나 복지혜택들을 제공해 줄 수 있음'을 제시하는 데에도 유용하다.

본서의 주요 관심사는 기존의 일반적인 설명을 '보완'하는 데 있다. 보완적 설명의 출발점은 지금까지의 일반적인 대답에 커다란 진실이 내포되어 있다는 점을 인식하는 데 있다. 즉, "스웨덴의 경제성장이 높은 세율과 보조금(소득이전), 그리고 평등주의적인(egalitarian) 임금 정책 등에 의해 지체되어 왔다"는 기존의 설명을 인정하는 것이다. 무엇보다도 이러한 일반적인 논의는 이념적(ideological) 수사(修辭)를 초월하고 있다. 왜냐하면 그러한 일반적 주장은 일반적으로 좌파 및 우파 경제학자들 모두 인정하기 때문이다.

그러나 이 점에 대한 전문가들의 의견일치는 다소 모호한 면이 내재되어 있다. 여기에는 두 가지 이유가 있다. 첫째, 많은 경제학자들은 "일부 복지지출들[9]은 한 사회(국가)의 소득을 증가시킬 수 있다"라고 지적하기 때문이다.[10] 예를 들면, 저소득 계층들에 대해 지급되는 교육 및 훈련 보조금은 한 나라(사회)의 소득을 증가시킬 수 있다(저소득 계층들은 자본 할당이나 다른 시장실패로 인해 혼자 힘으로는 충분한 교육이나 훈련을 받을 수 없다). 이 점은 특히 일본과 미국에서 유효적절하다. 일본과 미국에서의 복지국가(복지지출) 규모는 스웨덴의 경우보다 비교적 더 적다. 그럼에도 불구하고 일본과 미국은 많은 사람들에게 국민소득의 증가를 목적으로 고등교육(대학교육)에 대한 보조금을 지급하고 있다. 그러나 일본이나 미국에서와 달리 스웨덴에서

8) [역자주] 본문에서는 '최소의 행운을 가진 시민들'이라고 표현하고 있다.
9) [역자주] 본문에서는 '복지국가 지출'(welfare state expenditure)이라고 표현하고 있다. 이는 우리나라 어법상 '복지지출'을 의미한다.
10) [역자주] 기존의 일반적인 설명은 "복지지출이 경제성장(국민소득)을 느리게 한다"라고 주장하고 있음을 기억하라.

교육 및 숙련기술의 발달에 대한 추가적 지출이 스웨덴의 더 높은 경제성과나 비교적 더 큰 복지국가를 설명하는 주요 요인이 되지 못한다.

둘째, "일반적으로 복지 이전지급(또는 복지지출)이 매우 높으면 한 나라의 국민소득이 감소된다"는 전문가들의 의견일치는 또한 다음 이유로도 불분명하다. 왜냐하면 많은 경제학자들은, 이성적으로 "비록 그러한 소득재분배가 국민소득을 감소시킨다"고 믿고 있지만, 감정적으로 가난한 사람들에 대한 소득재분배를 찬성하고 있기 때문이다. 이러한 입장에는 아무런 모순이 없다. 저소득 계층들에 대한 이전지급(소득재분배)은, 비록 당해 사회의 국민소득[11]을 감소시키지만, 이들의 총후생이나 총효용을 증가시킬 수 있다. 이는 ① '소비의 한계효용'이 소비가 증가함에 따라 체계적으로 감소하고,[12] ② 소득 수준이 높은 사람들이 가난한 사람들보다 한계소비로부터 더 적은 효용이나 만족을 얻기[13] 때문이다. 따라서 (사람들의 인센티브에 미치는 역효과(또는 부정적 효과)로 인해 가난한 사람들의 소득이 소득재분배로 인해 더 낮아지지 않는 한) 저소득 계층들에 대한 소득재분배는, 비록 소득재분배가 당해 사회의 1인당 소득[14]을 감소시키지만, 여전히 사람들의 후생을 증가시킬 수 있다.

그러나 여기에는 '소득효과'(income effect)와 관련된 기술적으로 복잡한 하나의 문제가 도사리고 있다. 소득효과 때문에 대부분의 사람들은 높은

11) [역자주] 저자는 이를 '잠재적인'이 아닌 실제로 '계측된'(measured) 국민소득이라고 부르고 있다.

12) Bailey, Martin J., Mancur Olson and Paul Wonnacott, "The Marginal Utility of Income Does Not Increase: Borrowing, Lending, and Friedman-Savage Gambles," *American Economic Review*, Vol. 7, No. 3, June 1980, pp. 372~379.

13) Olson, Mancur, "Why Some Welfare-State Redistribution to the Poor Is a Great Idea," in *Public Choice and Liberty: Essays in Honour of Gordon Tullock*, Charles K. Rowley, ed., Oxford: Basil Blackwell, 1986.

14) [역자주] 상기 주 11)에서와 마찬가지로 이때의 1인당 소득도 '계측된' 소득을 말한다.

세금으로부터 초래되는 '사회적 효율성(social efficiency)의 상실'을 과소평가하게 된다. 예를 들어, 실업자들에게 이전지급을 해주기 위하여 어떤 근로자에게 세금을 부과한다고 가정해 보자. 이 경우 당해 근로자에게 부과되는 세금은 그 근로자가 추가적 근로시간으로부터 얻을 수 있는 '보상'을 감소시킬 뿐만 아니라, 그의 '가처분소득'도 감소시킨다. 전자의 효과를 '대체효과'(substitution effect)라 하고, 후자의 효과를 '소득효과'라 한다. '대체효과'가 당해 근로자에게 더 적게 일하려는 유인을 제공하는 것과 마찬가지로 '소득효과'는 그 근로자에게 더 적은 여가를 제공하며, 이로 인해 당해 근로자는 더 많이 일하려 할 것이다. 이와 같이 소득효과와 대체효과는 근로자들의 근로 유인에 상반되는 효과가 있다. 또한 소득효과(즉, 근로자들에게 더 많이 일하려는 유인을 제공함)는 부분적으로 대체효과(즉, 근로자들에게 더 적게 일하려는 함)를 상쇄시킨다. 이것이 근로자들의 근로시간이 세율 변화로 크게 변하지 않는 하나의 이유이다.[15] 따라서 소득효과 때문에 근로자들은 조세 부과(또는 세율 인상)시에도 근로시간을 크게 감소시키지 않는다.

그러나 불행하게도 높은 세율은 경제적 효율성(economic efficiency)을 저해한다. 심지어 소득효과가 대체효과를 완전히 상쇄시켜 근로시간에 어떠한 변화를 주지 않는 경우에도 높은 세율은 경제적 효율성을 저해한다. 이러한 결과는 직관에 반(反)할지도 모르며, 심지어 일부 노련한 경제학자들

15) 또한 조세 증가가 근로시간에 미치는 효과는 다른 요인들에도 달려있다. 예를 들면, 조세수입이 어떻게 사용(재분배)되는지에도 영향을 받는다. 만약 조세수입이 주로 '조세를 납부하는 동일한 사람들'에게 이전지급의 형태로 주어진다면 이는 훨씬 더 많은 근로시간의 감소를 초래할 것이다. 또는 만약 조세수입이 여가활동을 부추기는 데 사용된다면 근로시간은 더욱 크게 감소할 것이다. 이에 대해서는 Lindbeck, Assar, "Tax Effects vs. Budget Effects on Labor Supply," *Economic Inquiry*, Vol. XX, No. 4, October 1982, pp. 473~489; Gwartney, James and Richard Stroup, "Labor Supply and Tax Rates: A Correction of the Record," *American Economic Review*, Vol. 73, June 1983, pp. 446~451; Bohanon, Cecil E. and T. Norman Van Cott, "Labor Supply and Tax Rates: Comment," and Gahvari, Firouz, "Comment," in *American Economic Review*, Vol. 76, No. 1, March 1986, pp. 277~283을 참고하기 바란다.

조차도 때때로 이 점을 망각하고 있는 것 같다. 조세 부과로부터 사회적 효율성 상실이 초래되는[16] 이유는 본질적으로 "세금이 부과되는 근로자들이 자신이 더 많이 일해서(즉, 소득효과) 벌어들인 소득으로 지불하는 추가적 세금에 의해 수혜자들이 이익을 얻는다는 점[17]을 고려하지 않기 때문이다."[18] (물론 세금을 납부하는 근로자들은 조세 부과로 여가활동을 줄여야 한다는 것을 잘 알고 있을 것이다.) 즉, 근로자들에 대한 조세 부과가 복지수혜자들에게 미치는 '외부경제'로 인해 사회적 효율성 상실이 발생한다는 것이다. 더 높은 세금으로부터 초래되는 효율성의 상실이 비록 크다고 하더라도 그것이 총근로시간으로부터 직접적으로 관측되지 않기 때문에 종종 그 효과(즉, 효율성 상실효과)가 '과소평가'된다.

이제까지의 논의를 요약하면 다음과 같다. 우선, "스웨덴이 왜 지금보

16) [역자주] 앞에서도 언급했듯이 심지어 '조세 부과가 근로시간을 전혀 변화시키지 않더라도'(즉, 소득효과가 대체효과를 완전히 상쇄시키더라도) 조세 부과는 사회적 효율성의 상실을 야기시킨다.

17) [역자주] 이것은 '외부경제' 개념과 일맥상통한다.

18) 어느 한 개인의 존재하고, 그의 선호는 무차별곡선에 의해 주어진다고 가정한다. 무차별곡선은 화폐소득과 여가 간의 선호를 나타내 준다. 당해 개인은 비례적인 소득세를 부담한다고 가정한다. 소득세 세금부과 후 그의 임금 수준은 그림에서 W_1에서 W_2로 감소하며, 조세수입은 세금을 납부하는 당해 개인에게 한 푼도 재분배되지 않는다고 가정한다. 당해 개인의 세후(稅後) 소득의 감소는 여가시간의 감소를 초래한다. 그러나 조세 부과가 경제적 효율성에 미치는 해로운 효과(즉, 역효과)는 없어지지 않고 여전히 남아 있게 된다. 이제 당해 개인이 더 많이 일함으로써 지불하는 추가적 조세가 다른 사람들에게 가져다주는 가치를 고려한다면 그의 노동이 가져다주는 '사회적 총가치'는 그림에서 선 AB의 기울기로 표시된다. 그림에서 선 AB는 W_1과 평행이다. 따라서 당해 개인이 '자신이 납부하는 조세가 다른 사람들에게 가져다주는 가치'를 고려한다면 그는 Q_2 시간의 여가 대신에 Q_1 시간의 여가를 선택할 것이다.

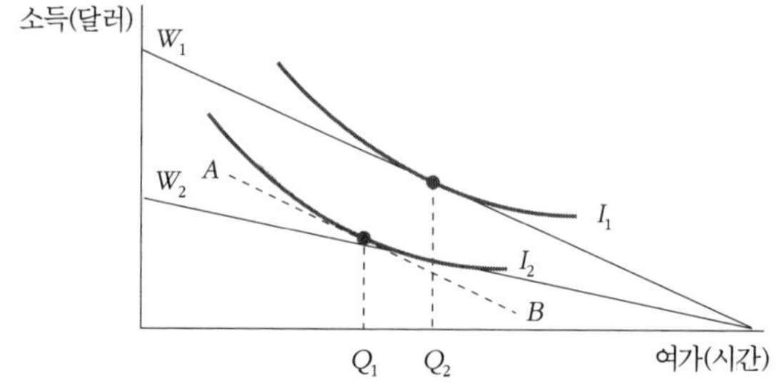

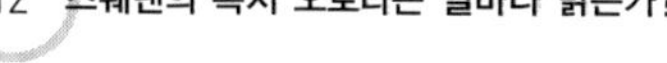

다 더 나빠지지 않는가?"라는 두 번째 질문은 단순히 지금까지 설명한 "첫 번째 질문에 대한 일반적인 대답이 틀렸다"라고 주장함으로써 폐기될 수는 없다. 비록 첫 번째 질문에 대한 기존의 일반적인 대답이 틀렸으나 두 번째 질문은 여전히 제기할 만한 가치가 있다. 스웨덴의 대규모 복지제도는 도덕적으로 유효적절하고, 또 사회적으로 바람직할 수도 있다. 그러나 "스웨덴 노동조합의 임금 평준화 압력과 함께 대규모 복지제도가 스웨덴의 실제적인 경제성과를 더 나쁘게 하고 있다"는 사실(결론)에는 변함이 없다(이러한 결론은 첫 번째 질문에 대한 기존의 일반적인 대답이 대부분 옳다는 것을 의미한다). 만약 몇 가지 기술적 질문들을 논외(論外)로 한다면 이러한 결론은 "개인들과 기업들이 경제이론이 예측하는 바와 같이 인센티브의 변화에 반응한다"는 것을 의미할 뿐이다.[19] 이제 스웨덴의 비교적 높은 1인당 소득과 빠른 경제성장은 하나의 '이례적인'[20] 결과로서 새로운 설명을 필요로 한다. 특히, 스웨덴의 빠른 경제성장은 스웨덴이 '중간노선'을 채택한 기간 동안 아일랜드, 영국, 아르헨티나와 같이 덜 평등주의적인(less egalitarian) 국가들보다 더 빠르게 진행되었다. 스웨덴에서 왜 이런 이례적인 결과가 발생하였는가? 그것이 시차(時差) 때문인가, 아니면 문화(文化) 탓인가? 이제 가능한 이유들에 대해 살펴보기로 하자.

19) 그러나 여기서는 '차선의' 이론(theory of second best)이 가지고 있는 중요한 한계들에 대해서는 고려하지 않을 것이다.

20) [역자주] 여기서 '이례적'이라는 말은 기존의 일반적인 주장으로는 '설명될 수 없는 것'을 의미한다. 경제학에서는 이러한 것을 종종 '역설'(paradox)이라고 말한다.

3. 시차가 그 대답인가?

그 대답을 구하기 위하여 최근의 미국과 비교해 보면 한 가지 가능한 설명을 찾을 수 있다. 미국의 소비 수준을 볼 때 1980년 이후 비교적 높은 수준을 유지하고 있지만, 이것이 이 기간 동안 미국의 경제성과를 판단하는 근거로 결코 충분하지 못하다. 우리가 이미 잘 알고 있듯이 미국은 레이건(Reagan) 행정부가 집권한 이래 정부 예산과 경상수지[21]에서 커다란 적자[22]를 기록해 왔다. 해외 차입자들에 대한 부채가 상환되면 미국의 소비 수준은 지금보다 더 낮아질 것이다. 따라서 미국의 소비 수준은 미국의 경제성과를 과대평가하게 된다. 이는 소비 수준으로 경제성과를 제대로 판단할 수 없음을 의미한다.

확실히 스웨덴은 아직까지 대규모 복지지출로 인한 낭비 행위에 대해 만기 청구서를 받지 않았다. 스웨덴 복지국가에 대한 국내 비판자들의 지적에 따르면 행동습관들은 결코 하룻밤 사이에 변하지 않는다. 그 결과, 사람들의 인센티브들이 변하면 그들의 완전한 영향은 '시차'(time lag)를 가지고 발생한다. 이는 경제생활에서 일반적으로 나타나는 특징이다. 그러므로 시차는 확실히 우리의 두 번째 질문에 대한 대답과 관련이 있다고 할 수 있다. 예를 들면, 스웨덴의 경우 '조세 및 보조금 수준'과 '경제성과' 간의 관계를 나타내는 기능적(실증적) 모형에서 '시차' 요인(변수)이 더욱 중요할 것이다. 이 문제는 본서의 부차적인 주제가 될 수 있다.

그러나 본서의 잉크가 마르기 전에 스웨덴이 경제적 대재난을 겪는다

21) [역자주] '경상수지'를 좀더 정확히 말하면 '국제수지표상의 경상계정'(current account)이라고 한다.
22) [역자주] 이를 소위 '쌍둥이 적자'라고 부른다.

면 우리는 '시차가 왜 이렇게 긴지'에 대해 의아해 할 것이다. 거시경제 정책의 변화, 투자 유인의 변화, 환율의 변화, 관세율의 변화 등이 가져다주는 효과나 영향은 보통 몇 년 또는 몇 분기 후에 나타난다. 스웨덴은 무려 반 세기 이상 동안 '중간노선'으로 유명하였다. 즉, 스웨덴의 '중간노선'은 무려 반 세기(50년) 이상 동안 지속되어 왔다. 따라서 불과 몇 년은 이에 비하면 새 발의 피와 같다. 경제학에서 나타나는 대부분의 시차는 이것의 10분의 1(즉, 5년)에도 미치지 못한다. 우리가 다른 국가들의 경제성과를 비교할 때 가장 적절한 변수는 '공공부문의 상대적 크기'이다. 1951년 이후(국민소득 통계가 처음으로 이용 가능하게 됨)의 기간을 고려한다면 국민소득 대비 정부소비와 총정부지출 면에서 스웨덴은 평균적으로 OECD 국가들에 비해 이들 비중이 더 커져 왔다.[23] 정부소비와 정부지출 패턴의 일반적 변화가 초래하는 일부 효과는 아마 수세대가 지난 후에야 나타날 것이다. 그러나 경제 정책의 변화가 초래하는 주요 효과들은 몇 년 내에 나타날 것이다. 이와 같이 '시차의 차이'는 아직도 하나의 과학적 퍼즐(puzzle)과 같다.

4. 스웨덴의 문화가 그 대답인가?

각국의 경제성과를 '국민들의 독특한 특성'에 의해 설명하려는 경향이 있다. 각 문화와 각 국민은 독특한 특성을 가지고 있다. 그래서 사람들은 이러한 특성이 각국의 경제성과를 설명할 수 있다고 쉽게 주장한다. 그러나

23) 총정부지출은 다음과 같이 정의된다. 즉, 총정부지출=정부소비+사회보장 이전지급+보조금+공채이자+총자본형성+토지 및 무형자산의 구매. 특히, 1951~1987년 대부분의 기간 동안 사회보장 이전지급의 경우 다른 구미 국가들에 비해 스웨덴에서 오히려 더 적었다.

이러한 주장을 면밀히 검토해 보면, 곧 '사이비 설명'(pseudo-explanation)임을 알게 된다. 좌 · 우 정치적 스펙트럼 모두에서 국가의 특성(또는 국민성)을 공통적으로 언급하지만 나의 경험에 따르면, 우리의 두 번째 질문에 관한 한 이러한 경향은 소위 '보수적이고 국수주의적인' 형태로 표출된다. 어떤 사람들은 대규모 복지국가로 인한 인센티브 저하(disincentive)와 평등주의적인 노동조합(LO)에 직면해서도 스웨덴이나 노르딕 국가들의 '문화적 특성'에 의해 그러한 단점들을 충분히 상쇄시킬 수 있기 때문에 "스웨덴의 경제성과가 비교적 좋다"라고 말한다. 스웨덴이나 노르딕 국가들[24]의 문화적 특성은 이들 국가의 압제적인 인센티브(oppressive incentives) 하에서도 다른 국가의 사람들보다 "더 열심히 일하고, 더 많이 저축하고, 더 모험심이 강하다"라는 데 있다. 노르딕 혈통을 가진 나 자신도 이러한 유형의 주장이 정서적으로 어필될 수 있다고 생각한다. 그러나 면밀히 검토해 보면 그러한 주장은 사실이 아닐 수 있다.

또한 문화적 특성은 다음 세 가지 문제를 충분히 설명할 수 있어야 한다. 우선, 쉽게 변하지 않는 양질의 문화적 특성을 가지고 스웨덴과 스칸디나비아 국가들[25]의 19세기 초반과 중반의 비교적 낮은 소득을 어떻게 설명할 수 있는가? 둘째, 대규모 복지국가를 반대하는 사람들은 스웨덴의 우월한 국민성이 대규모 복지지출이라는 소위 '나쁜 국민적 선택'(bad national decision)과 어떻게 부합될 수 있는지를 설명해야만 한다. 마지막으로, 인내심이 강한 국민성을 가지고 각국의 경제성과를 어떻게 설명할 수 있는가? 예를 들면, 영국, 아르헨티나, 독일, 일본 등을 비롯하여 많은 국가들이 어

24) [역자주] '노르딕(Nordic) 국가들'이란 노르웨이, 덴마크, 스웨덴, 핀란드, 아이슬란드 등을 말한다.
25) [역자주] '스칸디나비아(Scandinavia) 국가들'이란 스웨덴, 노르웨이, 덴마크 등을 말한다.

떤 기간에는 매우 좋은 경제성과를 기록하였으나, 다른 기간에는 매우 나쁜 경제성과를 기록한 경우를 어떻게 설명할 수 있는가? 과연 '인내심'이라는 국민성을 가지고 이러한 차이를 제대로 설명할 수 있을까? 국가들 간의 '상대적' 경제성과에 대해 우리가 알고 있는 모든 지식에 의하면 "비체계적(ad hoc)으로 이루어지는 문화적 · 국민적 설명[26]은 대개 장기적으로 유용하지 못하다"는 것을 말해 준다. 따라서 우리는 간결하면서도(parsimonious) 보편적으로 적용되는 일반 이론들을 가지고 있을 때에만 '타당한 설명'이라고 확신할 수 있다. 일반 이론들은 다양한 상황에서 발생하는 경제성과를 체계적으로 설명해 주기 때문이다.[27] 그러나 단순히 문화적 · 국민적 특성에 바탕을 둔 설명은 일반 이론이 아니다.

이제까지 살펴보았듯이 시차와 문화는 스웨덴의 경제성과를 객관적으로 설명하는 데 충분치 못하다. 다음으로 정부 규모와 경제성장 간의 관계에 대해 살펴보기로 하자.

5. 서구 선진국의 정부 규모와 경제성장

앞에서 우리는 '높은 조세와 많은 복지 보조금들'로부터 발생하는 인센티브의 왜곡[28](incentive distortion)에도 불구하고 왜 스웨덴은 여전히 높은 1인당 소득을 가지고 있는지는 하나의 퍼즐이라고 언급하였다. 이러한 퍼즐은

26) [역자주] 즉, '문화적 특성'과 '국민성'에 바탕을 둔 설명을 말한다.

27) 이에 대해서는 Olson, Mancur, Chapter 1, "The Standards Satisfactory Answers Must Meet," in *Rise and Decline of Nations*, New Haven, Conn. and London: Yale University Press, 1982를 참고하기 바란다(본서는 1984년 라티오(Ratio)에 의해 스웨덴어로 번역 · 출간되었음).

28) [역자주] 이는 앞에서 언급한 '사회적 효율성 상실'과 같은 개념이다.

비단 스웨덴뿐만 아니라 비교적 대규모 복지국가를 가지고 있는 대부분의 다른 국가들에서도 분명하게 나타나고 있다. 일반적으로 선진 민주주의 국가들의 통계 자료에 따르면 제2차 세계대전 이후의 기간 동안 비교적 대규모 복지국가를 가진 선진국들이 '덜 평등주의적인 정책들'(즉, 작은 복지국가들)을 가진 국가들만큼 빠르게 성장해 왔음을 보여 주고 있다. 본서의 후반부에서 자세히 설명하겠지만 확실히 상이한 정부지출 유형들이 경제성장에 매우 다른 영향을 미칠 수 있다. 따라서 우리는 단순히 다른 국가들에서 '정부지출의 상대적 크기'와 '경제성장률'을 평면적으로 비교함으로써 이러한 퍼즐을 해결할 수 없을 것이다. 또한 '공공부문의 크기'와 '경제성장률' 간의 관계에 대해 좀더 명확한 실증적 연구를 하려면 현재 이용할 수 있는 자료들보다 더 많은 실증 자료들이 필요할 뿐만 아니라, 단순히 자료를 예증적이고 서술적으로 설명하기보다 전면적인 계량경제적 연구가 필요하다. 그러나 아쉽게도 본장에서는 각국의 역사적 자료들을 가지고 단순히 예증적이고 서술적으로 설명하고자 한다.

그러나 [그림 1-1]과 [표 1-1]에서 보여 주는 자료들을 면밀히 검토해 보면 몇 가지 유익한 정보들을 얻을 수 있다. 이러한 자료들에 따르면 1951~1987년 기간 동안 각국에서 '정부가 지출하거나 이전지급해 주는 자원의 비중'(즉, GDP 대비 경상지출, 정부소비, 사회보장 이전지급, 정부지출 등)과 당해 국가의 '경제성장률'(즉, 연간 GDP 성장률) 간에 일관적이고 분명한 상관관계가 존재하지 않는다는 것을 보여 주고 있다. 또한 비록 그들 간에 상관관계가 존재하더라도 눈에 띌 만큼 그렇게 강하지 못하다.

또한 [그림 1-2], [그림 1-3]과 [표 1-2]에 따르면 1950년대(즉, 1951~1960년 기간 동안)에 대규모 복지국가를 가진 국가들이 더 빠르게 성장하는 경향(즉,

[그림 1-1] 연간 GDP 성장률과 GDP 대비 경상지출 간의 관계: 1951~1987년 기간 동안의 평균

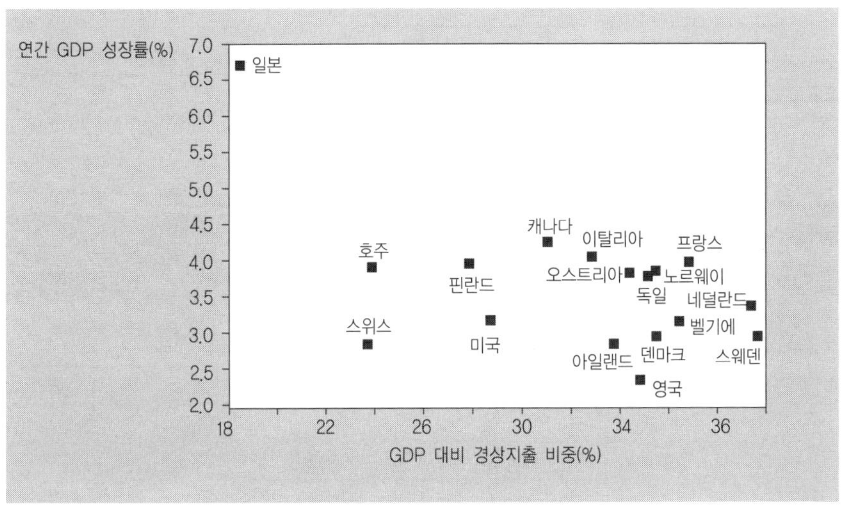

양(+)의 상관관계)을 보여 주고 있으나, 그 정도는 아주 미약하다. 이 기간 동안에 스웨덴은 GDP 대비 총정부지출이 평균 이상이었지만 가장 높은 국가는 아니었다. 이 기간 동안 가장 눈에 띄는 국가는 서독(West Germany)이다. 그 당시 서독은 경제기적(즉, 가장 높은 경제성장률 기록)을 경험하고 있었고, 동시에 사회보장 이전지급과 총정부지출이 가장 높은 국가들 중의 하나였다. 이러한 사실들은 무엇을 의미하는가? 이러한 사실들은 높은 복지국가가 초래하는 인센티브 저하(또는 감퇴) 이외에 어떤 다른 요인이 경제성장률에 커다란(중요한) 영향을 미칠 수 있음을 의미한다. 이는 또한 빈곤 계층들에 대한 복지재분배(welfare state redistribution)의 크기에만 전적으로 초점을 맞추는 관념적인 주장들이 불완전하다는 것을 의미한다. 왜냐하면 통계적인 연구에 따르면 그러한 주장들이 뒷받침되지 않고 있기 때문이다.

[표 1-1] 정부 규모와 GDP(경제)성장: 1951~1987년 기간 동안의 평균

(단위: %)

	연간 GDP 성장률	정부소비	사회보장 이전지급	정부지출	경상지출	총지출 (1960~1987)
호주	3.96[a]	14.2	6.6[b]	20.8	23.8[b]	29.8
오스트리아	3.91	15.2	15.3	30.5	34.5	44.0
벨기에	3.20[d]	14.5[e]	15.3[e]	29.7[e]	36.5[e]	42.2
캐나다	4.32	17.1	8.4	25.5	31.1	37.1
덴마크	3.03	19.4	11.1	30.5	35.6	44.3
핀란드	4.01	15.3	7.5	22.7	27.9	34.3
프랑스	4.00	16.3	17.9	34.2	37.0	42.7
아일랜드	2.92	15.3	9.2[b]	24.5	33.8[b]	41.8[c]
이탈리아	4.10[f]	13.4	12.7	26.1	33.0	39.8
일본	6.69[e]	9.1[f]	6.4[f]	15.5[f]	18.4[f]	25.3[g]
네덜란드	3.44	15.5	18.6[h]	34.1	39.4	48.9
노르웨이	3.85[f]	16.4	11.0	27.5	35.5	42.5
스웨덴	3.00	21.5	12.0	33.5	39.8	49.3
스위스	2.92	11.5	9.1	20.7	23.7	25.0
영국	2.40	18.8	8.8[b]	27.6	34.9[b]	41.0[c]
미국	3.24	18.0	7.5	25.5	28.7	32.0
서독	3.84	16.8	14.2	30.9	35.2	42.6

주: 1) 개념 정의는 다음과 같음.
정부소비=재화와 서비스에 대한 최종 정부소비지출.
사회보장=노령자, 병약자, 가족 수당 등의 사회보장 혜택+사회복지 지원금+고용자 복지 혜택.
정부지출=정부소비+사회보장 이전지급.
경상지출=정부지출+공채 이자+보조금.
총지출=경상지출+총자본형성+토지 및 무형자산의 구매.
2) 모든 자료는 정의에 따라 계산되었고 우수리는 잘라 없앤 것임.
3) 연간 평균 GDP 성장률의 경우 기하평균이 사용됨.
4) 상첨자는 다음과 같음.
a=1956~1987년, b=1951~1986년, c=1960~1986년, d=1954~1987년, e=1953~1987년, f=1952~1987년, g=1968~1987년 기간 동안의 평균, h=1951~1959년 기간 동안과 1968~1987년 기간 동안의 평균.

자료: 1) OECD, *OECD National Accounts Statistics*, 1950-68.
2) OECD, *Economic Outlook, Historical Statistics*, 1989.
3) United Nations, *Yearbook of National Accounts Statistics*, 1957, 1964.

[그림 1-2] 연간 GDP 성장률과 GDP 대비 사회보장이전지급 간의 관계: 1951~1960년 기간 동안의 평균

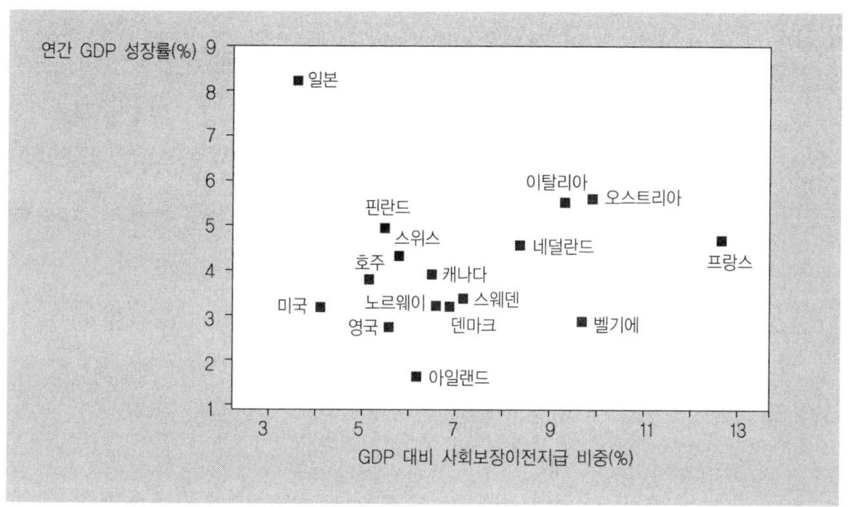

[그림 1-3] 연간 GDP 성장률과 GDP 대비 경상지출 간의 관계: 1951~1960년 기간 동안의 평균

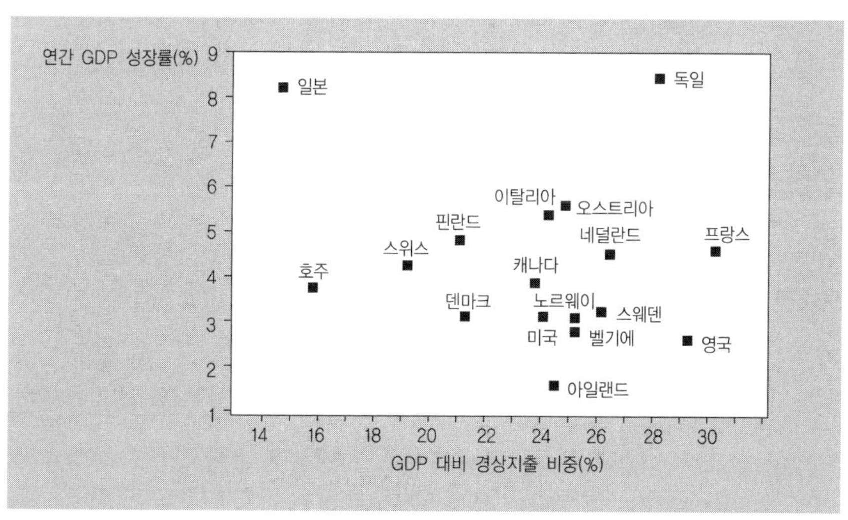

[표 1-2] 정부 규모와 GDP(경제)성장: 1951~1960년 기간 동안의 평균

(단위: %)

	연간 GDP 성장률	정부소비	사회보장 이전지급	정부지출	경상지출
호주	3.85[a]	10.0	5.2	15.2	15.8
오스트리아	5.66	12.7	9.9	22.6	25.0
벨기에	2.99[b]	12.0[c]	9.7[c]	21.7[c]	25.4[c]
캐나다	3.95	14.2	6.5	20.7	23.8
덴마크	3.28	12.6	6.9	19.5	21.4
핀란드	4.94	12.0	5.5	17.4	21.2
프랑스	4.77	14.1	12.7	26.8	30.4
아일랜드	1.75	12.5	6.2	18.7	24.7
이탈리아	5.54[d]	11.9	9.3	21.2	24.4
일본	8.23[c]	10.0[d]	3.6[d]	13.6[d]	14.7[d]
네덜란드	4.66	14.1	8.4	22.5	26.5
노르웨이	3.25[d]	13.1	6.6	19.7	25.3
스웨덴	3.42	16.5	7.2	23.6	26.3
스위스	4.30	11.1	5.8	16.8	19.4
영국	2.78	17.4	5.6	23.1	29.5
미국	3.23	18.2	4.1	22.3	24.3
서독	8.47	3.70	12.2	25.9	28.4

주: 1) 개념 정의와 자료의 원천에 대해서는 [표 1-1]을 참조하기 바람.
2) 상첨자는 다음과 같음.
a=1956~1960년, b=1954~1960년, c=1953~1960년, d=1952~1960년을 나타냄.

또한 이러한 자료들에 따르면 "대규모 공공부문을 가진 국가들이 다른 국가들에 비해 더 빠르게 성장한다"는 일반적 또는 영속적인 경향이 분명히 존재하지 않는다는 것을 보여 주고 있다. 이러한 예로 일본을 들 수 있다. 일본은 1950년대 정부 규모가 매우 작았음에도 불구하고 급속한 경제성장을 경험하였다. [그림 1-2], [그림 1-3]과 [표 1-2]에 따르면 1950년대 당시 일

본은 가장 적은 자원을 정부부문에 지출하였으나 서독만큼 급속한 경제성장을 기록하였음을 보여 주고 있다. 뿐만 아니라 일본은 전후의 모든 기간 동안 여타 선진국들보다 훨씬 더 빠르게 성장하였다.

국가	정부 규모	경제성장	시사점
1950년대 서독	정부지출이 가장 높음	급속한 경제성장을 기록함	정부 규모와 경제성장률 간에 일반적인 양(+)의 상관관계가 존재하지 않음
1950년대 일본	정부지출이 가장 낮음	급속한 경제성장을 기록함	

정부의 역할이 아주 다른 역사적 기간 동안들을 비교해 보아도 '혼합적인' 결과가 나타난다. 19세기 후반에 거의 모든 선진국들은 이전 또는 이후 기간에 비해 자유방임적인(laissez-faire) 정책들을 실시하였다. 또한 이 기간은 역사상 유례없는 경제성장의 시기였다. 따라서 19세기 후반은 "자유방임이 경제성과를 증대시킨다"는 견해를 확실히 지지하고 있다. 그러나 1945~1970년 기간 동안은 아주 다른 양상을 보여 주고 있다. 이 기간 동안 모든 선진국들은 그들의 복지국가를 크게 확대하였고, 공공부문들도 전에 비해 훨씬 더 커지게 되었다. 그러나 이 기간 동안 선진국들은 놀라운 경제성장을 기록하였으며, 심지어 19세기 후반의 번영을 능가하기조차 하였다. 따라서 이 기간 동안(즉, 1945~1970년)은 "큰 정부가 경제성장을 촉진시킨다"는 견해를 지지하고 있다. 그러나 정부 규모와 경제성장 간의 패턴은 1970년대와 1980년대에 와서 다시 변화되었다. 즉, 이 기간 동안 복지국가는 여전히 더 커졌으나 경제성과는 나빠졌다.

따라서 선진국 전체에 대한 역사적 기록에 따르면(예를 들어, 제2차 세계

대전 이후 선진국들 간의 비교에 의하면) 정부 규모와 경제성장 간에 '규칙적인' 패턴이 발견되지 않음을 보여 주고 있다. 어떤 국가들과 어떤 기간 동안의 경우 비교적 큰 공공부문이 '저조한 경제성과'를 가져다주었으나, 다른 국가들과 다른 기간 동안의 경우에는 이와 정반대되는 결과(즉, 큰 공공부문이 '빠른 경제성과'를 가져다줌)를 가져다주었기 때문이다.

불운하게도 정부 규모와 경제성장 간의 상관관계를 둘러싼 이념적 · 정파적 논쟁은 종종 모호(불분명)한 결론을 가져다준다. 그 결과 일부 학자들은 개별 국가들의 경험이나, [그림 1-1], [그림 1-2] 및 [그림 1-3]에 제시된 자료들이나, 위에서 언급된 역사적 기간들 가운데서 어느 하나의 기간 등을 근거로 타당하지 못한 결론들을 추론하려 한다. 이러한 유형의 실수는 이념적으로 좌파와 우파 모두에서 저질러진다. 좌파 신념을 가진 일부 학자들은 앞에서 제시한 자료나 정보로부터 "시장에 적극적으로 개입하는 정부(즉, 큰 정부)가 경제성장에 유리하다(또는 최소한 불리하지 않다)"라는 결론을 내리고 있다. 반면에 우파 성향의 일부 학자들은 위에서 제시한 자료들을 이용하여 "대규모 복지국가가 경제성장에 나쁜 효과를 미친다"라고 주장한다. 이러한 상황에서 통계적 결과들은 모형 표기(specification)의 변화[29]와 특정 국가를 포함 또는 제외하느냐에 따라 매우 민감하다. 위에서 제시한 자료의 경우 일본이 특히 중요하다. 왜냐하면 일본은 [그림 1-1], [그림 1-2] 및 [그림 1-3]이 보여 주듯이 통계적 이상치[30](outlier)를 가진 국가로 회귀분석의 결과를 뒤집을 수 있기 때문이다. 비록 일본의 자료가 분명히 우파의

29) [역자주] 즉, 회귀방정식의 모형을 어떻게 표기(또는 표현)하는가에 따라 회귀분석의 결과가 달라짐을 말한다.

30) [역자주] 통계학에서 극단적인 관찰치를 이상치 또는 이탈값이라고 부른다. 즉, 예외적으로 크거나 또는 작은 관측치를 말한다.

견해(즉, "더 작은 정부가 더 빠른 경제성장을 가져다준다")를 지지하고 있지만, 일본의 전후 급속한 경제성장은 분명히 다른 이유들 때문일 것이다. 만약 일본이 회귀분석에서 제외된다면 통계적으로 유의하지 못한 결과가 나타날지도 모른다. 따라서 이러한 회귀분석의 결과는 신뢰할 수 없을 것이다.

그러나 나는 "정부의 역할과 경제성장 간에 아무런 인과관계가 없다"라고는 결론 내리지 않을 것이다. 그 대신 내가 주장하고 싶은 것은 위에서 제시된 자료들과 역사적 사실들만으로는 '복지국가가 경제성장에 미치는 영향'(정확히 말해서, 그 크기와 방향)에 대한 어떤 명확한 결론을 내릴 수 없다는 것이다. [그림 1-1], [그림 1-2] 및 [그림 1-3]에 있는 변수들(즉, 연간 GDP 성장률, GDP 대비 사회보장 이전지급 비중, GDP 대비 경상지출 비중)만을 고려하고, 경제성장률에 영향을 미치는 다른 많은 변수들을 생략하는 어떤 통계적 분석은 많은 문제점들을 초래할 수 있다. 이와 같은 '생략된 변수들'(omitted variables)과 '모형 표기'(specification)에 따른 문제들로 인하여 앞에서 제시된 자료들만을 사용하여 추정한 통계적 검증의 결과는 '허구적'(spurious)일 가능성이 크다. 여기서 제시된 변수들이 적절히 표기된 통계적 검증을 하기에 충분치 못하다는 점을 강조하기 위하여, 나는 위의 자료들을 사용하여 회귀분석한 결과들을 제시 또는 보고조차 하지 않았음을 고백한다. 왜냐하면 그러한 결과들이 역사적 자료([표 1-1]과 [표 1-2])를 이용하여 경험적(heuristic) 사실을 설명하려는 본서의 목적을 모호하게 할지도 모르기 때문이다.

이러한 사실은 '인과관계들이 매우 강하다면' 생략된 변수들과 잘못된 표기(misspecification) 문제들에 대해 거의 걱정할 필요가 없다는 것을 말해 준다. 만약 비행기 추락 사고가 인간의 기대수명을 줄이는지의 여부를 검증한다면 우리는 아마 사망자들이 흡연자이었는지(즉, 생략된 변수)의 여부를 고려하지 않더라도 질적(정성적)으로 정확한 대답을 얻을 수 있을 것이다(왜냐하면 비행기 추락 사고와 인간의 기대수명 간의 인과관계는 매우 강하기 때문이다). 따라서 우리는 '복지국가의 크기가 경제성장에 미치는 효과'가 비록 현대 사회의 좌 · 우 간의 이념적 논쟁의 핵심이지만 선진 민주주의 국가들의 경제성장에 영향을 미치는 여러 다른 요인들을 압도할 만큼 그렇게 크지 않을 것이라고 확신할 수 있다. 이는 선진국들의 경제성장에 '복지국가의 크기'보다는 다른 요인들이 더 큰 영향을 미친다는 것을 의미한다.

그러나 선진 민주주의 국가들뿐만 아니라 개발도상국들로부터의 증거와 자료들을 분석에 포함시킨다면 우리는 관련 자료들이 더욱 불충분하다는 것을 알게 된다. 이 경우 관련 자료들을 해석하기가 더욱 어려울 것이다. 왜냐하면 어느 한 국가의 경제발전 수준이 GDP에서 정부가 차지하는 비중(즉, GDP 대비 정부 비중)에 영향을 미치거나 또는 이를 제한하기 때문이다. 그럼에도 불구하고 선진국들과 개발도상국들에 대한 자료들을 함께 검토하더라도 "정부의 크기나 성장이 경제성과와 분명한(밀접한) 상관관계가 있음을 보여 주지 못한다"는 점은 흥미롭다. 란다우(D. Landau)[31]의 연구를 비롯한 일부 연구들에 따르면 "비교적 대규모 공공부문이 느린 경제성장을 초래한다"는 실증 결과를 보여 주고 있다. 또한 로빈슨(R. Rubinson)[32]과 램(R. Ram)[33]의 연구를 포함한 다른 연구들에 따르면 "비교적 큰 정부 규모가 빠른 경제성장을 초래한다"는 연구 결과를 제시하고 있다. 이들 연구는 서로

31) Landau, Daniel, "Government Expenditure and Economic Growth: A Cross-Country Study," *Southern Economic Journal*, 1983, pp. 783~792.

32) Rubinson, Richard, "Dependency, Government Revenue, and Economic Growth, 1955-70," *Studies in Comparative Institutional Development*, Vol. 12, Summer 1977, pp. 3~28.

33) Ram, Rati, "Government Size and Economic Growth: A New Framework and Some Evidence from Cross-Section and Time-Series Data," *American Economic Review*, Vol. 76, 1986, pp. 191~203.

[그림 1-4] 연간 1인당 GDP 성장률과 GDP 대비 정부지출 간의 관계: 121개국의 1960~1985년 기간 동안의 평균

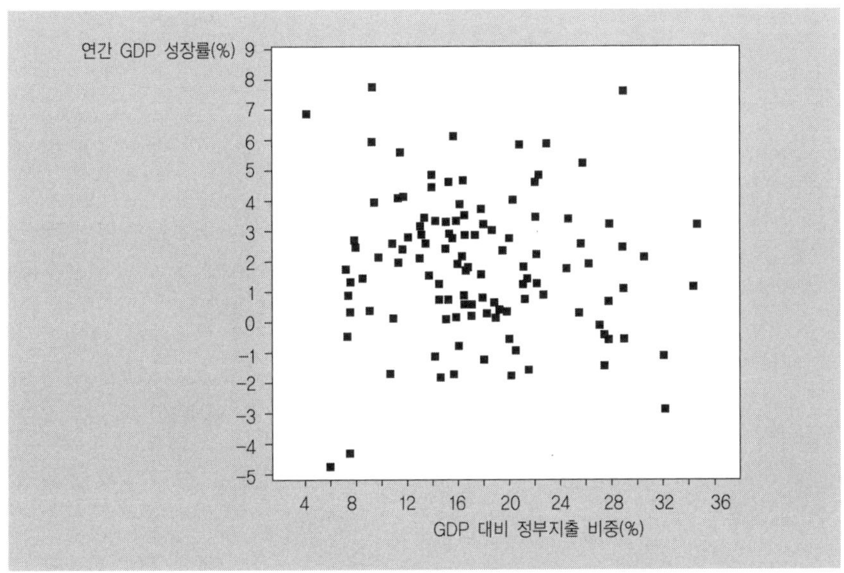

다른 결과를 보여 주고 있다. 이는 회귀모형의 표기가 다르면 정반대되는 결과가 도출될 수 있음을 말해 준다. 그 결과, 우리는 분석 자료들에 분명한(강한) 패턴이 존재하지 않을지도 모른다고 추론하게 된다. 이는 [그림 1-4]에 제시된 자료를 간단히 살펴봄으로써 알 수 있다. [그림 1-4]는 121개국의 개발도상국들과 선진국들을 대상으로 정부 규모와 경제성장을 비교하고 있다.

그럼에도 불구하고 ① 본장에 제시한 세 개의 그림들에 있는 자료들, ② 정부 규모와 경제성장에 대한 기존의 상반되는 연구 결과들, ③ 지금까지 설명한 광범위한 역사적 사실들은 시사하는 바가 크다고 할 수 있다. 우리는 사람들의 행위를 관찰함으로써 높은 복지지출과 조세가 사람들의 인센

티브에 역효과(adverse effect)를 미친다는 사실을 잘 알고 있다. 그런데 국가들 간의 비교와 역사적 기간들의 비교에서 복지국가의 크기효과(또는 인센티브 왜곡효과)가 왜 나타나지 않는가? 이 질문은 우리의 두 번째 질문("대규모 복지국가로 인한 인센티브의 커다란 왜곡과 노동조합(LO)의 강력한 임금 평준화 정책에도 불구하고 스웨덴은 왜 더 나빠지지 않는가?")에 대한 대답과 밀접한 관계가 있다. 스웨덴이 가지고 있는 이러한 퍼즐은 다른 국가들과 다른 역사적 기간들과의 비교에서도 분명하게 나타난다. 또한 우리는 원칙적으로 국가가 모든 것을 계획 · 관리하는 '소련형 경제들'(Soviet-type economies)이 모두 비참하게 실패했다는 사실을 잘 알고 있다. 대규모 복지국가들이 본질적으로 반(半)소련이라고 추론하는 것은 매우 잘못되었을지라도 소련형 경제의 붕괴는 우리의 두 번째 질문을 다음과 같이 좀더 임의적이고 직관적인 방식으로 제기하는 데 이용될 수 있다. 즉, '중간노선'의 스웨덴(즉, 비공산주의 세계에서 비교적 가장 큰 공공부문을 가진 국가)이 왜 1인당 소득 면에서 '소련형 국가들'과 비교적 가장 작은 공공부문을 가진 '선진국들' 간의 '중간'(mid-way)이 아닌가? 스웨덴은 체제 면에서 중간노선을 취하고 있지만(또는 비교적 가장 큰 공공부문을 가진 국가임에도) 1인당 소득 수준은 공산(사회)주의 국가들과 자본주의 국가들 간의 중간이 아니라 이보다 훨씬 더 높다. 왜 그런가?

나는 다음 장들에서 스웨덴의 이러한 퍼즐들을 해결하는 데 유용한 하나의 '개념적 틀'(conceptual framework)을 제시하고자 한다. 앞에서 제시한 자료들과 역사적 사실들은 기존의 양 이데올로기가 간과하고 있는 '몇 가지 새로운 요인들'을 찾도록 하는 계기를 제공해 준다. 또한 이 자료들과 역사적 사실들은 우리에게 '커다란 복지국가가 경제성장에 미치는 효과'가 비록 중요하기는 하지만 우리가 아직까지 모르는 다른 요인들을 압도할 만큼

그렇게 중요하지는 않다는 점을 일깨워 준다.

6. 두 번째 질문에 대한 대답을 찾는 방법: 새로운 아이디어를 찾아서

그러면 두 번째 질문에 대한 대답을 어떻게 찾을 것인가? 다음 과제는 '복지국가와 경제성장에 대한 총량적 자료들'(aggregate data)[34]과 '경제성과에 영향을 미치는 다른 중요한 사실들'을 비교해 보는 것이다. 특히, 스웨덴과 같이 '소규모 국가들'에 의한 제조업의 국제무역이 각국의 경제성과에 미치는 중요한 효과들에 관해 살펴보고자 한다. 다음 장에서 보게 되겠지만 경제성과에 영향을 미치는 다른 사실들은 강하고 분명한 하나의 패턴을 형성한다. 이러한 놀라운 패턴에 의하면 ① 국제경쟁에 개방된 경쟁시장들(competitive markets)이 경제활력(economic dynamism)의 주요 원천이고, ② 그러한 시장들에서 보호무역(protectionism) 정책들과 대부분의 정부규제들은 경제성장에 아주 해로운 영향을 미친다는 사실을 우리들에게 제시해 준다. 다음 장에서 보게 될 그러한 놀라운 패턴은 본장에서 설명한 '선진국들에서의 정부지출과 이전지급의 규모와 경제성장 간의 관계'에 대한 총량적 자료들과 커다란 대조를 이룬다.

이러한 놀라운 결과들과 '복지국가의 규모와 경제성장에 대한 분명치 못한 총량적 자료들[35]' 간의 비교는 몇 가지 새로운 아이디어들을 찾는 데

34) [역자주] 이제까지 설명했듯이 총량적 자료 면에서 '복지국가와 경제성장 간의 상관관계'는 불명확하다. 따라서 이들 간의 상관관계에 대해서 어떤 명확한 결론을 내릴 수 없다.
35) [역자주] 주 34)에서도 언급했듯이 총량적 자료는 '복지국가의 규모와 경제성장 간의 상관관계'에 대해 명확한 결론을 내려 주지 못하고 있다.

유용할 것이다. 이러한 아이디어들의 도움으로 우리는 앞에서 제기한 두 번째 질문(즉, "대규모 복지국가로부터 초래되는 분명한 인센티브의 왜곡에도 불구하고 스웨덴은 왜 지금보다 더 나빠지지 않는가?")에 대한 대답을 찾을 수 있을 것이다. 이제 그러한 놀라운 패턴을 찾기 위해 제2장에서는 국제무역과 경쟁시장이 경제성장에 미치는 효과들에 관해 살펴볼 것이다.

제 2 장

국제무역 및 경쟁시장과 경제성장

02

국제무역 및 경쟁시장과 경제성장

1. 서론

뜻밖의 발견에 의해 최근 역사의 전개는 놀라운 정도로 많은 수의 의도하지 않거나 '자연적인' 실험들을 내놓았다. 이러한 실험들은 '세상이 어떻게 작동하는지'에 대한 확실하고 유익한 정보들을 새로이 제공해 주었다. 그러한 정보들은 자연과학에서 '통제된' 실험을 통해서 얻을 수 있는 정보들만큼 신뢰할 만하다. 이러한 우연적인 실험들은 어떤 이유인지 모르지만 최근에 와서야 빛을 보게 되었다. 그러한 실험들이 드러내는 새로운 사실들은 (기존 자료들로부터 얻은 결과들과 함께) 앞에서 제기한 두 번째 질문(즉, "스웨덴은 왜 지금처럼 잘 사는가?" 또는 "스웨덴은 왜 지금보다 더 나빠지지 않는가?")에 대한 대답을 찾는 데 매우 유용하다.

여기서 말하는 자연적인(또는 우연적인) 실험들이란 다음 두 가지를 의미한다. 첫 번째 실험은 '소규모 국가들에 의한 제조업부문에서의 국제무역'을 의미하고, 두 번째 실험은 '무역 정책을 결정하는 국가들(또는 관할구역들)의 크기의 변화'를 말한다. 나는 먼저 이러한 두 가지 행운의 자연적 실험들을 조심스럽게 검토한 후, 다음으로 이러한 실험들로부터 얻은 결과들이 기존의 인식이나 자료들과 어떻게 부합되는지를 간단히 논의하고자 한다. 이러한 실험들의 중요성을 평가하기 위하여 우리는 먼저 '제조업'부문에서의 국제무역에 대한 자료들이 1차 산품과 서비스의 국제무역에 대한 자료들과 분명하게 구별되는 새로운 통찰력(insights)을 가져다줄 수 있는지에 주목해야만 한다. 다시 말하면, 1차 산품과 서비스부문의 국제무역에 대한 자료들과 비교해서 제조업부문에서의 국제무역에 대한 자료들은 어떤 새로운 통찰력을 가져다주는가?

제조업부문의 국제무역에 대한 자료들은 여러 면에서 매우 유용하다. 왜냐하면 '제조업부문'은 1차 산품이나 채취 산업(예를 들면, 광업)에 비해 천연자원의 부존량에 덜 의존적이고, 경제제도들과 정책들에 더 민감하기 때문이다. 예를 들면, 사우디아라비아와 이란은 많은 양의 석유를 다른 국가들에게 수출하지만, 이러한 정보는 이들 국가가 어떠한 제도들이나 정책들을 가지고 있는지에 대해서는 제대로 알려 주지 못할 뿐만 아니라 이들 국가의 자원배분의 효율성을 판단할 수 있는 믿을 만한 근거를 제공해 주지 못한다. 그 대신 이들 국가의 석유 수출은 우리들에게 그들 국가의 경제 및 정치 시스템보다 그들의 '지리적 구조나 지질 상태'에 대해 더 많은 정보를 알려 준다. 일반적으로 채취 산업들과 농업의 경우 생산 및 국제무역의 패턴은 한 나라의 천연자원이나 기후 및 풍토의 부존량에 매우 민감하다. 반면에 제조업 생산에 필요한 원료 및 원자재들은 외국으로부터 수입될 수 있다. 당연히 원료 및 원자재 수입은 종종 추가적 비용을 발생시킨다. 그러나 기술이 발달함에 따라 수송비용이 감소하기 때문에 천연자원의 부존량이 제조업에 미치는 영향은 시간이 지남에 따라 더 작아질 것이다.

또한 서비스 산업들의 제공 입지는 종종 제조업에 비해 천연자원에 훨

씬 덜 구속을 받지만, 서비스 산업들에 대한 통계와 다른 정보들은 제조업에 비해 더 부족하고 또 빈약한 편이다. 바꾸어 말하면, 서비스 산업들에 비해 제조업에 대한 통계와 정보들이 더 나은 편이다. 따라서 제조업의 수출 패턴은 다른 유형(즉, 1차 산품이나 서비스부문)의 무역에 비해 '어떤 유형의 경제제도나 정책들이 경제발전과 성장에 효과적인지'에 대해 더 많은 정보들을 제공해 준다.

위에서 언급한 두 가지 사고실험[1](thought experiment)을 통해 우리는 '소규모 국가들에 의한 무역 패턴과 보호무역주의의 수준에 대한 자료들이 왜 유용한지'를 분명히 알 수 있다. 그러한 사고실험을 위해 우리는 어느 한 커다란 국가가 존재한다고 가정해 보자. 이 국가는 룩셈부르크를 제외한 세계 전부를 차지하고 있다고 가정한다. 즉, 세계에는 두 국가, 즉 조그만 국가인 룩셈부르크와 이 거대한 국가만 존재한다고 가정하자. 이제 이 거대한 국가가 나머지 한 국가인 룩셈부르크와의 무역에 대해 금지적 수입관세[2](prohibitive tariff)를 부과한다고 가정하자. 그러나 가상의 이 거대 국가는 룩셈부르크와의 무역에 대해 높은 관세를 부과함으로써 그렇게 큰 영향을 받지 않을 것이다. 왜냐하면 이 거대 국가는 어떠한 보호무역 조치(관세 부과) 없이도 외국(룩셈부르크)에서 구매하는 대부분의 양을 국내에서도 충분히 구매할 수 있기 때문이다. 다시 말하면, 이 경우 거대 국가가 취하는 보호무역 정책은 비교적 소수의 시장들에 대해 아주 작은 영향을 미칠 것이고, 가상의 거대 국가 자신에 대해서 아무런 영향을 미치지 못할 것이다. 따라서 나는 다음과 같이 결론을 내리고자 한다. 즉, "보호무역 정책의 효과를 살펴

1) [역자주] 사고실험(思考實驗)이란 '어떤 가설을 연구하기 위하여 행하는 가상적 실험'을 말한다.
2) [역자주] 금지적 관세란 '수입 자체를 금지할 만큼 아주 높은 관세'를 말한다.

볼 때 ① 보호무역 정책을 취하는 국가(또는 관할 영역)의 '크기'를 고려하는 것이 필수적이고, 또한 ② 미국과 일본처럼 대규모 국가들은 소규모 국가들에 비해 보호무역 조치에 의해 그다지 큰 영향을 받지 않는다[3]는 점에 주목해야 한다"는 것이다.

또한 나의 이러한 결론은 다음 사실을 시사해 준다. 즉, "보호무역주의(또는 보호무역 정책)에 대한 이제까지의 연구들이 관세(또는 다른 형태의 보호 정책들)의 높이(height)[4]에는 커다란 관심을 기울여 왔으나, 관세(또는 다른 형태의 보호 정책들)의 길이(length)나 거리(mileage)에 대해서는 거의 관심을 기울여 오지 않았다"는 것을 의미한다(관세의 길이나 거리란 '관세나 다른 형태의 보호 정책들이 무역을 제한하는 정도'를 말한다). 다시 말하면, 이제까지 보호 정책을 실시하는 국가(관할 영역)의 크기에 대해서는 거의 관심을 기울여 오지 않았다. 만약 보호 정책을 실시하는 국가들이 소규모이고 그리고 다수 있다면(즉, 다수의 소규모 국가들이 보호 정책을 실시한다면) 보호 장벽의 총길이와 영향은 매우 클 것이다. 그러나 소수의 거대 국가들이나 공동시장(common market)이 보호 정책을 실시한다면 보호 정책의 영향은 제한적일 것이다.

본장에서는 무엇보다도 '소규모 국가들에서의 제조업'에 대해 초점을 맞추고자 한다. 이는 우리들에게 몇 가지 특별한 통찰력을 가져다줄 뿐만 아니라 국제무역 이론의 최근 발전에 대해서도 중요한 사실을 알려 줄 것이다. 최근 국제무역 이론의 발전은 전통적으로 자유무역을 옹호하는 경제 이론의 전제에 위배되는 것처럼 보인다. 예를 들면, 불완전경쟁(imperfect competition)과 비용 감소(decreasing costs)가 있다면 어느 한 국가는 관세보호

3) [역자주] 다시 말하면, 대규모 국가들은 보호무역 조치에 의해 소규모 국가들이 받는 것만큼의 영향을 받지 않는다.
4) [역자주] 이는 관세율이 더욱 높아지거나, 수입할당량이 더욱 적어지는 것을 말한다.

(tariff protection)에 의해 종종 자국의 후생을 오히려 증가시킬 수 있다는 것을 주장하고 있다. 불완전경쟁과 비용 감소가 가장 두드러진 분야가 바로 '소규모 국가들에서의 제조업부문'이다. 따라서 본장에서의 결과는 국제무역의 최근 발전을 실제적으로 검증해 보는 데 유용할 것이다.

물론 경제학 밖에서는 종종 자유무역 이론을 찬성하지 않을 것이다. 많은 사람들은 일반적으로 "제조업이 번창하려면(즉, 경쟁력을 갖추려면) 보호가 필요하다"고 생각하고 있다. 예를 들면, 어떤 국가가 자국의 유치산업들(infant industries)에 대해 보호를 해준다면 일정한 기간이 경과한 후[5] 그 국가는 당해 제조업에 비교우위를 가지게 된다고 자주 주장되곤 한다(만약 그 국가가 어떤 제조업에 대해 일정 기간 동안 보호를 해주지 않았다면 당해 제조업은 비교우위를 가질 수 없을 것이다). 그 결과, 당해 국가는 보호를 통해 획득한 '새로운 비교우위 패턴'을 최대한 이용함으로써 커다란 이익을 얻을 수 있다. 확실히 '비교우위'는 자연적으로 주어진 것이 아니라 인위적으로 만들어지거나 획득된 것이다. 사람들은 종종 "경쟁적인(성숙한) 제조업을 발전시키는 한 가지 방법은 제조업 분야를 보호해 주는 것"이라고 말한다. 제조업의 보호는 '학습효과'(learning-by-doing)를 통해 궁극적으로 당해 제조업을 경쟁적으로 만들어 줄 것이다. 이제 다음에 제시할 자료들을 이용하여 이러한 기존의(일반적인) 아이디어들이 과연 옳은지 검증해 보자.

5) [역자주] 이는 '유치산업이 경쟁적인 성숙산업으로 성장한 후'를 말한다.

2. 제조업부문에서 발견되는 놀라울 정도로 강한 통계적 관계

나는 과거에 어떤 논문에서 여러 소규모 국가들의 제조업 수출 비중을 계산하여 소개한 바 있다.[6] 여기서 그 자료를 다시 사용하고자 한다. 다시 말하면, 자료가 입수 가능한 소규모 및 중규모 국가들을 대상으로 각국의 제조업 산출량의 총가치(gross value)에서 제조업 수출량의 총가치가 차지하는 비중을 계산해 보았다. 이는 각국의 제조업 수출량의 총가치를 제조업 산출량의 총가치로 나눔으로써 구할 수 있다[7](원래는 각국의 제조업 전체의 '부가가치'(value added)에서 제조업 수출량의 부가가치가 차지하는 비중을 계산하려 하였으나, 이를 계산하는 데 필요한 자료를 구할 수 없었다). 따라서 [표 2-1]의 제1열에 제시되어 있는 자료들은 제조업 수출량의 총가치를 제조업 산출량의 총가치로 나눈 것이다. 즉, 각국의 제조업 산출량의 총가치에서 제조업 수출량의 총가치가 차지하는 비중을 말한다. 이는 각국에서 수출에 성공한 제조업의 비중을 의미한다.

분석의 정확성을 위해 이탈리아, 일본, 미국 등 모든 '대규모' 선진 공업국들을 제외시켰다(대국(大國)의 경우 대부분의 무역이 국제무역이라기보다는 '국내 거래'이기 때문이다. 특히, 대국은 보호 조치를 취하지 않더라도 대부분의 무역이 국내적으로 이루어진다). 만약 어떤 국가가 개발도상국이고 소국(小國)이라면 인구 수와 관계없이 분석에 포함시켰다. 그러나 대부분의 기간 동안 개발도상국들에 대한 필요한 자료들을 구하지 못하였다. 다행히도 세계은행(World Bank)에 있는 발라사(Bela Balassa) 박사와 그의 동료들은 여러 개발도상

6) [역자주] 이를 계산하는데 Kim Chohan, Alfred Forline, Michael Kendix, Young Park 등이 도와 주었다.
7) 즉, 제조업 수출량의 총가치/제조업 산출량의 총가치.

국들을 대상으로 추정을 통해 필요한 자료(1973년)를 계산하는 데 성공하였다. 따라서 [표 2-1]은 거의 모든 소규모 및 중규모 선진국들과 일부 소규모 개발도상국들을 포함하고 있다. 개발도상국들의 경우 발라사 박사 일행이 계산한 1973년 추정치를 사용하였다. 또한 [표 2-2]는 주요 선진국들의 제조업에 대한 관세 수준(%)을 보여 주고 있다. 이 자료는 『국가의 흥망성쇠』(*The Rise and Decline of Nations*)에서 이미 발표한 바 있다.

두 표를 보면 한 가지 놀라운 패턴을 발견할 수 있다. 즉, "만약 어떤 국가가 제조업에 대한 보호 수준(율)이 높다면(즉, 관세율이 높다면) 당해 국가의 제조업 수출량이 매우 낮음을 볼 수 있다". 예를 들면, 아르헨티나는 제조업의 보호 수준이 매우 높은 국가이며, 그 결과 제조업의 수출 비중이 약 2.5%에 불과하다(앞에서 보았듯이 지난 반 세기 동안 아르헨티나의 경제성과는 스웨덴에 비해 매우 저조하였다)(여기서 나는 자료의 결점을 강조하기 위하여 모든 수치들을 반올림하였다). 또한 다른 매우 보호주의적인 국가들(예를 들면, 칠레, 콜롬비아, 그리스, 인도, 멕시코, 터키, 브라질 등)의 경우에도 이와 비슷한 패턴을 볼 수 있다. 즉, 칠레의 제조업 수출 비중은 2.5%에 불과하고, 콜롬비아의 제조업 수출 비중은 7.5%, 그리스와 인도의 경우는 각각 12.5%와 7.5%이고, 멕시코와 터키의 경우는 각각 5%와 2.5%에 불과하다. 마지막으로 브라질의 제조업 수출 비중도 5%에 불과하다(그러나 브라질이 대규모 국가라는 점에 비추어 볼 때 브라질의 포함은 다소 문제가 있는 것 같다).

'보호주의적인 정책'과 '개방적인 정책'을 취하는 국가들의 경우에 제조업 수출량을 비교해 보기로 하자. 먼저, [표 2-2]에 따르면 제조업의 경우 11개 선진 민주주의 국가들 중에서 뉴질랜드가 가장 보호주의적인 국가[8)]

8) [역자주] 보호주의적인 국가란 '제조업에 대한 평균 관세율이 높은 국가'를 말한다.

[표 2-1] 소규모 및 중규모 선진국들과 소규모 개발도상국들의 수출 비중: 1973년

(단위: %)

국가	제조업 수출량/제조업 산출량	'진정한' 제조업 수출량[b]/총수출량	제조업과 가공된 1차 산품의 수출량[c]/총수출량
아르헨티나	2.5*	17	66
호주[a]	7.5*	11	57
오스트리아	32.5	53	97
브라질	5.0*	16	54
캐나다	20.0	36	72
칠레	2.5*	1	86
콜롬비아	7.5*	12	31
덴마크	42.5	42	90
핀란드	27.5	30	97
그리스	12.5	22	71
인도	7.5	44	62
아일랜드	37.5	36	83
이스라엘	15.0*	27	47
한국	40.0*	64	93
멕시코	5.0*	30	64
네덜란드	45.0	33	85
뉴질랜드	5.0	14	80
노르웨이	35.0	40	91
포르투갈	27.5	48	89
싱가포르	42.5	37	76
스페인	16.0	43	85
스웨덴	37.5	52	95
대만	50.0*	n.a.	85
터키	2.5*	13	34
유고슬라비아	17.5*	47	91

주: a=1972~1974년간 평균; b=제조업 수출은 '국제표준산업분류'(ISIC)를 따름. 여기서 '진정한' 제조업이란 '섬유'(ISIC 분류상 32에 해당함), '금속 제조'(ISIC 분류상 38에 해당함), '기타 제조업'(ISIC 분류상 39에 해당함)을 말함; c=제조업 수출은 UN 통계에 따라 제조업으로 분류되는 '모든 가공된 1차 산품'을 포함함; n.a.=자료 입수가 불가능한 경우를 말함.

자료: 1) 제1열의 경우 United Nations, *United Nations Statistics*.
2) 제1열에서 별표(*)가 표시된 수치들은 세계은행의 발라사(Bela Balassa) 박사 일행이 추정한 것임.
3) 제2열의 경우 United Nations, *Yearbook of International Trade Statistics*, New York, for 1978 and 1979.
4) 제3열의 경우 United Nations, *United Nations Statistics and Yearbook of International Trade Statistics; Economic Daily News*, Taipei; *Economic Yearbook of the Republic of China 1980*, Taipei.

[표 2-2] 소규모 및 중규모 국가들 제조업의 평균 관세 수준

국가		무역량을 가중치 하지 않은 경우[a] (단순 평균)		자국의 수입량을 가중치한 경우[b]		세계 수입량을 가중치한 경우[c] BTN 총량에 대해 수입량을 가중치한 경우[d]		세계 수입량을 가중치한 경우[c] 각각의 BTN 상품에 대해 수입량을 가중치한 경우[e]	
		1976년 (평균)	최종[f] (평균)	1976년 (평균)	최종 (평균)	1976년 (평균)	최종 (평균)	1976년 (평균)	최종 (평균)
호주	관세 부과 대상[g]	28.8	28.0	29.1	28.1	27.8	26.7	26.4	25.2
	총[h]	16.9	16.5	15.4	15.1	13.3	12.8	13.0	12.6
뉴질랜드	관세 부과 대상	31.4	28.3	28.6	25.5	33.0	30.4	30.2	27.5
	총	24.3	21.9	19.7	17.6	20.5	18.7	18.0	16.3
EEC	관세 부과 대상	8.8	6.0	9.8	7.2	9.5	7.0	9.6	7.1
	총	8.0	5.5	6.3	4.6	7.0	5.2	6.9	5.1
미국	관세 부과 대상	15.6	9.2	8.3	5.7	9.2	5.5	7.6	4.8
	총	14.8	8.8	6.2	4.3	7.1	4.1	5.6	3.5
일본[i]	관세 부과 대상	8.1	6.2	6.9	4.9	8.0	5.7	7.9	5.5
	총	7.3	5.6	3.2	2.3	6.1	4.4	5.8	4.1
캐나다	관세 부과 대상	13.7	7.8	13.1	8.9	12.0	7.3	12.9	8.3
	총	12.0	6.8	10.1	6.8	8.9	5.5	9.4	6.1
오스트리아	관세 부과 대상	14.2	9.8	18.8	14.5	15.9	12.0	17.0	13.3
	총	11.6	8.1	14.5	11.2	10.5	7.9	10.9	8.5
핀란드	관세 부과 대상	17.0	14.6	11.6	9.2	11.2	9.0	11.5	9.1
	총	14.3	12.3	8.2	6.5	6.7	5.3	6.7	5.3
노르웨이	관세 부과 대상	11.1	8.2	10.5	8.0	10.2	7.4	10.0	7.5
	총	8.5	6.3	6.4	4.9	5.8	4.3	5.8	4.4
스웨덴	관세 부과 대상	7.8	6.1	7.7	5.9	7.4	5.3	7.1	5.2
	총	6.2	4.9	6.3	4.8	4.6	3.3	4.5	3.3
스위스	관세 부과 대상	3.7	2.7	4.1	3.3	4.2	3.1	4.0	3.1
	총	3.7	2.7	4.0	3.2	3.3	2.4	3.2	2.4

주: a=모든 제품들이 동일한 가중치를 가진다는 가정 하에서의 평균 관세 수준을 나타냄; b=자국의 '수입량'으로 가중치한 경우의 관세 수준을 나타냄; c=세계 수입량으로 가중치한 경우의 관세 수준을 나타냄. 여기서 세계 수입량이란 표에 있는 11개국의 수입량의 합계를 말함; d~i의 경우는 *The Rise and Decline of Nations*를 참조하기 바람.

자료: Olson, M., *The Rise and Decline of Nations.*

이었다. 가장 보호주의적인(제조업에 대한 평균 관세율이 가장 높은) 국가인 뉴질랜드는 제조업 생산량의 5%만 수출하였다([표 2-1] 참조). 호주는 선진 민주주의 국가들 중에서 제조업의 보호 수준(관세율)이 두 번째로 높은 국가이었다. 그 결과, 호주는 제조업 산출량의 약 7.5%만 수출하였다([표 2-1] 참조). 많은 국가들은 많은 양의 노동과 다른 자원들을 제조업 생산에 배분하지만, 단지 소량의 제조업 산출량만을 경쟁적인 세계시장에 판매(수출)할 수 있었다.

다음으로, 비교적 개방적인 정책들(open policies)을 취하면서 비슷한 산업 규모를 가진 국가들을 살펴보기로 하자. 즉, 오스트리아, 덴마크, 한국, 네덜란드, 싱가포르, 대만 등의 경우를 살펴보자. 오스트리아는 1973년 당시 유럽자유무역연합(EFTA)의 회원국이었으며 비교적 낮은 관세 수준을 유지하고 있었다. 당시 오스트리아는 제조업 산출량의 약 1/3 정도(=32.5%)를 수출하였다. 덴마크는 제조업 생산을 위한 천연자원 부존량이 부족한 국가였지만 제조업 산출량의 42.5%를 수출하였다. 한국은 1973년 당시 개발도상국 기준에 비추어 볼 때 비교적 개방적인 정책들을 취하고 있었으며, 제조업 생산량의 40% 정도를 수출하고 있었다. 이와 유사하게 비교적 산업보호가 낮은 국가들도 제조업 산출량 중에서 많은 비중을 수출하였다. 예를 들면, 네덜란드와 노르웨이의 제조업 수출 비중은 각각 45%, 35%이고, 포르투갈은 27.5%, 싱가포르는 42.5%, 대만은 50%이었다. 마지막으로, 스웨덴도 1973년 당시 제조업의 보호 수준이 비교적 낮았으며, 그 결과 제조업 수출 비중은 37.5%로 높은 수준을 차지하고 있었다. 이러한 자료들로부터 가장 두드러진 점은 "자료가 입수 가능한 소규모 및 중규모 국가들의 경우 제조업을 가장 적게 보호하는 국가들이 제조업을 가장 많이 수출한다라는 규칙[9]에 하나의 예외도 발견되지 않는다"는 것이다. 예를 들면, 오스트리아, 덴마크, 한국, 네덜란드, 노르웨이, 포르투갈, 싱가포르, 대만, 스웨덴 등이 이 경우에 해당된다. 이들 국가는 1973년 당시 모두 제조업에 대해 낮은 관세를 부과하는 '개방적인' 정책들을 실시하고 있었다.

우리는 제1장의 분석에서 '복지국가의 크기와 경제성장' 간에 어떤 방향으로든 분명한 패턴(상관관계)이 나타나지 않았음을 보았다. 그러나 본장에서의 분석 결과 '제조업의 보호 수준과 제조업 수출량' 간에 강한 상관관계가 존재함을 보았다. 다음 분석으로 넘어가기 전에 이러한 두 가지 상반된 결과에 주목하기 바란다.

이러한 상황에서 국제경제학의 전문가들이나 경제 전체의 일반균형적(general equilibrium) 경향을 믿는 일부 경제학자들은 상기 결과들에 대해 다음과 같이 설명(변명)하려 할 것이다. 즉, 제조업에 대한 보호 수준이 높은 국가들은 다음 이유로 제조업을 더 적게 수출할 것이다. 왜냐하면 "높은 관세부과로 수입을 감소시키는 보호 정책은 다른 한편으로 (수입대금 지급을 위해) 외환을 매입하는 데 필요한 자국 통화의 양을 감소시키기[10] 때문이다". 즉, 제조업에 대한 높은 보호 정책으로 수입이 감소된 결과 수입대금 지급에 필요한 외환 수요가 감소함으로써 환전에 사용되는 자국 통화량이 줄어들게 된다. 따라서 제조업에 대한 보호 정책은 자국 통화의 가치를 상승시키고, 그 결과 자국의 수출을 감소시킨다. 국제경제학자들에 따르면 보호 정책은 이러한 경로를 통해 수출을 감소시킨다고 주장한다. 또한 일반균형

9) [역자주] 즉, "제조업에 대한 보호 수준(관세율)이 비교적 낮은 국가들의 경우에 제조업 수출 비중이 높게 나타났다".
10) [역자주] 이는 '자국 통화에 대한 초과수요'를 초래한다. 자국 통화에 대한 초과수요는 자국 통화의 가치를 상승시킨다.

론자들은 "장기적으로 한 나라의 수입과 수출은 균형을 이룰 것"이라고 주장한다. 그 결과, 높은 보호 정책으로 수입을 많이 하지 않는 국가들은 또한 수출도 많이 하지 않을 것이다. 과연 이러한 설명들은 타당한가?

만약 모든 유형의 보호 정책들과 모든 유형의 수출이 논의의 대상이라면 이러한 주장은 전술한 결과들을 어느 정도 설명할 수 있을 것이다. 그러나 여기서는 단지 '제조업'에 대한 보호와 무역만을 고려하였다. 오스트리아, 스위스, 유럽공동시장 회원국들, 그리고 스웨덴을 포함한 스칸디나비아 국가들은 '농업'에 대한 보호가 매우 높은 편이다. 그러나 이들 국가는 상대적으로 제조업에 대한 보호는 매우 낮은 편이다. 국제경제학자들과 일반균형론자들의 주장에 따르면, 이들 국가에서 농업에 대한 높은 보호는 그들 국가의 통화 가치를 상승시키고, 그 결과 제조업 수출량을 감소시켜야 한다. 그럼에도 불구하고 이들 국가들은 제조업의 커다란 비중을 수출하고 있다. 왜 그런가? 반면에 제조업에 대한 보호 수준이 매우 높은 국가들(예를 들어, 아르헨티나) 중 많은 국가들이 많은 양의 1차 산품(농산품)을 수출하고 있다. 왜 그런가?

환율(또는 자국의 통화 가치)이나 '일반균형'효과 이외의 다른 요인들이 작용하고 있는지를 살펴보기 위하여 나는 다른 계산들[11)]을 해보았다. 이러한 계산 결과는 [표 2-1]의 제2열과 제3열에 제시되어 있다. 제2열과 제3열은 제조업을 새롭게 정의한 후, 그 수출 비중을 계산한 것이다. 제2열은 각국의 총수출량 중에서 진정한 제조업[12)] 수출량이 차지하는 비중이 제시되어 있고, 제3열은 총수출량 중에서 제조업 수출량과 가공된 1차 산품의 수출

11) [역자주] 무엇보다도 나는 Lund 연구소에서 주관하는 'Holger Crafoord 강연'을 위해 이 작업을 수행하였다(물론 본서는 'Holger Crafoord 강연'을 위해 쓴 것이다).
12) [역자주] 계산에 포함된 '진정한' 제조업은 [표 2-1]의 주 b)에 설명되어 있다.

량이 차지하는 비중을 보여 주고 있다. 비록 여기서 제조업에 대한 통계적 분류가 임의적이지만, 제2열은 아마 제조업을 더 잘 나타내 줄 것이다. 나는 이를 '진정한' 제조업이라고 표현하였다. 다행히도 계산 결과가 제조업의 정의(분류)에 그렇게 민감하지 않음을 볼 수 있다. 왜냐하면 제2열과 제3열의 결과가 서로 양(+)의 상관관계를 가지고 있기 때문이다.

이러한 두 결과들에 따르면 "제조업에 대한 보호 수준이 높은 국가들은 제조업의 수출 비중이 비교적 낮은 경향이 있음"을 알 수 있다. 그러한 경향은 비록 매우 강하지는 않지만 뚜렷하게 나타나고 있음을 볼 수 있다. 이러한 사실은 "제조업에 대한 높은 보호가 제조업부문의 효율성을 크게 감소시킬지도 모른다"는 점을 시사하고 있다.[13] 이는 "제조업에 대한 보호가 클수록 제조업부문의 효율성을 감소시켜, 궁극적으로 제조업의 수출량을 감소시킨다"고 추론할 수 있다.

제조업을 지나치게(과도하게) 보호하는 소규모 및 중규모 국가들이 제조업 수출 산업들을 발전시키지 못하는 이유가 환율효과 때문만이 아니라는 또 다른 증거가 있다. 제조업에 대해 비교적 '개방적인' 정책을 취하다가 높은 보호로 전환한 어떤 국가가 있다면 이 국가는 국제 소비(수출)뿐만 아니라 국내 소비(내수)를 위해 자국의 제조업 성장률을 낮추게 될 수도 있다. 이러한 '정책 변경'이 오히려 제조업 성장률을 낮추는 요인이 될 수 있다.

13) "제조업에 대한 보호 수준이 매우 높은 국가들에서조차 제조업 수출이 낮은 정도로 이루어지고 있음"을 설명하는 데 다음 요인이 사용되고 있다. 많은 1차 산품들의 경우 그 공급곡선들이 비교적 '비탄력적'(inelastic)이다. 그 결과 1차 산업에 종사하는 일부 기업들은 자국의 경제제도들이 효율적이지 않지만 크지 않은 비용으로 얼마간의 산출량을 생산해 낼 수 있다. 매우 우수한 탄광들과 유정(油井)들을 가진 국가들은 자국의 경제제도가 나쁘게 조직되어 있을지라도 그들의 천연자원의 일부를 수출할 수 있다. 예를 들면, 구(舊)소련은 자유로운 외국 시장에서 제조품을 많이 수출하지 못하였을 뿐만 아니라, 심지어 전제정치(czarism) 시대(즉, 효율적이지 못한 경제체제)에 누렸던 대규모 농산물 수출조차도 잃게 되었다. 그럼에도 불구하고 소련은 비교적 많은 탄광과 유전 생산량을 수출할 수 있었다(나에게 이점을 지적해 준 Christopher Clague 교수께 감사를 드린다).

예를 들면, 아르헨티나는 1930년 이후, 특히 페론(Juan Peron) 정권 하에서 제조업에 대한 보호 수준을 크게 증가시킴으로써 자국의 농업 수출 산업들을 조직적으로 착취(차별)하였다. 아르헨티나 경제사의 권위자인 알레한드로(Alejandro)의 연구에 따르면 "전후 아르헨티나 경험에서 가장 아이러니한 교훈은 "만일 1930년 이후 아르헨티나에서 수출에 대한 차별(정확히 말하면, 제조업 수출에 대한 보호)이 적었더라면 제조업은 오히려 더 크게 성장하였을 것" 이라는 점이다. 실제로 1900~1929년 동안(즉, 페론 정권 이전) 아르헨티나의 제조업 성장률은 연간 5.6%를 기록하였으며, 이는 1929~1965년 동안(1930년 이후, 즉 페론 정권)의 3.7%보다 더 높았다".[14] 이와 같이 아르헨티나가 1930년 이전에는 개방적인 정책을 취하다가 1930년 이후 페론 정권 하에서 제조업에 대한 높은 보호로 정책을 전환함으로써 오히려 제조업의 성장률을 저하시키게 되었다.

3. 역사적 관계의 중요성: 지역통합을 통한 무역자유화와 경제발전

앞에서 살펴본 통계적 관계뿐만 아니라 역사적 관계도 중요하다. 위에서 나는 " '제조업에 대한 보호 정책이 대규모 국가들보다 소규모 국가들에서 훨씬 더 큰 영향을 미친다' 고 주장해 왔고, 또한 소규모 국가들의 자료에서 '제조업의 수입에 대한 상대적 개방성'(또는 제조업에 대한 낮은 보호 정책)과 '제조업의 성공' 간에 강한 상관관계가 있음" 을 실증적으로 발견하였다.

14) Alejandro, Carlos Diaz, *Essays on the Economic History of the Argentine Republic*, New Haven & London: Yale University Press, 1970, pp. 126, 138, 139~140, 252, 259~260, 271~272.

이제 여러 무역장벽들을(또는 보호 정책들을) 실시하는 국가들이나 관할 영역의 크기가 확대된 결과에 대한 '역사적 증거'를 고찰함으로써 상기 결과들을 확증하거나 반박할 수 있다. 만약 보호 정책들이 소규모 국가들(관할 영역들)에게 훨씬 더 큰 영향을 미친다면, 그리고 이러한 영향이 매우 해롭다면, 보호 정책을 실시하는 국가(관할 영역)의 커다란 '확대'는 보호 정책에 따른 손실을 크게 '감소'시킬 수 있을 것이라고 예상할 수 있다. 나는 이 문제를 『국가의 흥망성쇠』에서 자세히 다룬 바 있다. 나는 『국가의 흥망성쇠』에서 '보호 정책을 실시하는 국가나 관할 영역의 갑작스러운 확대가 왜 급속한 경제발전을 촉진시키는지'에 대한 이론적 이유를 제시한 바 있다. '보호 정책의 영향에 대한 역사적 증거'와 [표 2-1]과 [표 2-2]에서 제시한 '국가별 증거'를 비교하기 위하여 나는 『국가의 흥망성쇠』에서 제시한 증거를 여기서 다시 요약하고자 한다. 나는 『국가의 흥망성쇠』에서 몇몇 국가들에서 무역을 자유화한 기간들(즉, 보호 정책을 실시한 국가들(관할 영역)이 그 크기를 확대한 기간들)과 급속한 경제발전이 역사적으로 어떤 상관관계가 있었는지에 대해 다음과 같이 역사적 증거들을 제시하였다.

관세와 쿼터(수입량 할당)를 감소시키려는 명백한 노력들(즉, 무역을 자유화하려는 노력들)은 오랫동안 사람들로부터 비교적 많은 관심을 받아 왔다. 그러나 역사적으로 가장 중요한 '무역자유화'는 실제로 국가나 관할 영역들이 확대되고,[15] 그 결과 보호 정책의 길이(length)나 거리(mileage)가 축소되었을 때 비로소 이루어졌다는 점이다. 최근 가장 두드러진 '관세장벽의 길이 축소'(즉, 무역자유화)는 1958년 유럽공동시장의 창설[16]에 의해 이루어졌

15) [역자주] 정확히 말하면, 이는 '더 큰 국가들이나 관할 영역들이 새로이 만들어진 때'를 말한다.
16) [역자주] 유럽공동시장은 1957년 '로마조약'(Treaty of Rome)에 의해 그 창설이 결정되었다.

다. 유럽에서 공동시장을 통해 일어난 결과는 대개 역사적으로 '국가의 통일'을 통해 자주 일어났었던 결과와 같음을 알 수 있다. 역사적으로 국가의 통일은 종종 이전보다 훨씬 더 큰 시장을 창출해 냄으로써 무역을 자유화하는 데 크게 기여하였다. 신생 통일국가에서는 대개 높은 보호 정책들이 실시되었지만, 최소한 국내 무역(internal trade)에서는 장벽들이 거의 사라지게 되었다.

예를 들면, 1830년대 독일에서 관세동맹(Zollverein)이 창설되어 더욱 확대되어 갔다. 그 후 독일연방 관세동맹은 1871년에 완성된 독일제국(獨逸帝國, German Reich)[17]에서 그 전성기를 누렸다. 한 가지 흥미로운 사실은 유럽에서 대부분의 독일어 사용 지역들이 관세동맹과 독일제국이 만들어지기 전에 비교적 '가난하였었다'는 점이다. 18세기와 19세기 초반에 독일은 영국과 네덜란드보다 훨씬 더 가난하였고, 프랑스보다 더 낮은 소득을 가지고 있었다. 그러나 19세기 후반과 제1차 세계대전(1914~1918년) 직전까지 독일 경제는 급속도로 성장하였다. 그 결과, 제1차 세계대전 무렵에 독일은 세계에서 가장 강대한 산업 강국들 중의 하나였다.

나는 유럽공동시장의 창설과 독일 통일과 같은 역사적 사건을 '지역통합'(jurisdictional integration)의 사례들이라고 부른다. 그러한 지역통합은 훨씬 더 큰 지역이 새로이 창출될 때마다 일어나며, 당해 지역 내에서 자유무역[18]이 이루어진다.

일본은 지역통합의 또 다른 사례를 보여 준다. 일본은 메이지 유신(明治維新, 1867~1968년) 이전에 300여 개의 봉건지역으로 분할되어 있었고, 각 지

17) [역자주] 이때의 독일제국을 '제2제국'(the Second Reich, 1871~1918년)이라고 부른다.
18) [역자주] 이를 '국내 또는 역내 자유무역'(internal free trade)이라고 부른다.

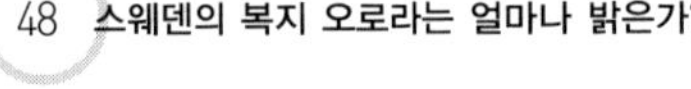

역은 봉건 영주인 '대묘'의 지배 하에 있었다. 대개 각 봉건지역은 높은 보호장벽들을 가지고 있었으며, 일본 군도(群島) 내 다른 지역으로의 무역을 제한하였다. 뿐만 아니라 강력한 막부(Shogun)가 나타나 일본 전체에 대해 막강한 지배권을 행사한 때에는 일본 전체를 사실상 전제국가로 만들어 외부 세계와의 무역과 요소이동조차 제한하였다. 심지어 해외여행조차 금지되었고, 해외여행시에는 사형으로 처벌하였다.

그러나 메이지 유신(또는 혁명, 1867~1968년)은 일본 내에서 하나의 '자유무역지역'(free trade area)을 창출하였다. 무엇보다도 메이지 유신은 분할된 봉건지역들과 무역제한들을 과감히 철폐하였다. 이와 거의 동시에 일본은 몇몇 구미 강국들과 강제적으로 '굴욕적인 조약들'을 체결하게 되었다. 이러한 조약들은 일본이 너무 약해서 조약 체결을 막지 못하였기 때문에 '굴욕적'이라고까지 묘사하고 있다. 이러한 조약들 중의 하나는 일본으로 하여금 모든 유형의 보호관세(protective tariff)를 부과하지 못하게 규정하였다. 한 예를 들면, 조세 체결 후 50년 동안 일본은 일체의 보호관세를 부과하지 못하였으며, 오직 5% 또는 그 미만의 재정수입 목적의 관세(revenue tariff)만 부과할 수 있었다. 일본 내 지역통합과 '굴욕스러운 조약들' 때문에 일본은 괄목할 만한 무역자유화를 이룰 수 있었다.

일본은 이러한 과정이 일어나기 전에는 가난한 저개발 국가였다. 당시 일부 서방 관측자들에 따르면 일본은 결코 현대적인 경제생활을 영위할 수 없을 것이라고 보았다. 그러나 메이지 유신 후 얼마 지나지 않아 일본은 급속도로 발전하기 시작하였다. 통계 자료로부터의 증거 이외에 그러한 급속한 성장의 한 징후에 따르면, 일본은 이미 1904~1905년의 전쟁에서 러시아를 패배시킬 만큼 강한 국가가 되어 있었다.

또 다른 '지역통합'의 예를 들면, 18세기 말경에 일어난 미국의 경우를 들 수 있다. 미국은 1776년 독립선언 당시와 그 후 몇 년 동안 13개에 이르는 과거 영국 식민지 주들은 사실상 하나의 독립 국가들이었다. 미국은 헌법이 발효된 1789년에서야 비로소 '정부'를 설립하였다. 특히, 미국 헌법은 일부 주들(예를 들어, 뉴욕 주)이 다른 주들의 수입품에 대해 부과하던 각종 관세들을 불법으로 규정하였다. 헌법에 따라 미국 내에서 관세가 철폐된 후 미국은 드디어 '하나의 커다란 시장'으로 변모하여 오늘날까지 미국 내에서 자유무역을 실시해 오고 있다. 확실히 미국은 19세기 대부분과 1930년대까지 매우 보호주의적인 국가였다. 그럼에도 불구하고 미국은 19세기 동안 주들 간의 관세철폐(무역자유화)와 커다란 팽창(지역통합) 덕분에 크고 자유로운 국내 시장을 가지게 되었으며, 그로부터 커다란 혜택을 누리게 되었다.

또한 우리는 17세기 네덜란드로 되돌아가 본다면 이와 똑같은 현상을 볼 수 있다. 당시 네덜란드의 연합지역들('지역통합')이 스페인에 대해 반란을 일으켰을 때 연합지역들은 지역 내에서 자유무역(internal free trade, 역내 자유무역)을 실시하는 하나의 지역을 새로이 창설하였다. 네덜란드가 오늘날의 국가 기준으로 또는 당시 중세 기준으로 본다면 그렇게 큰 국가가 아니었지만, 당시의 역내 자유무역지역은 꽤 큰 것이었다. 더구나 네덜란드의 위치와 평평한 지형은 운하에 매우 적합하였다(네덜란드 국토의 많은 부분은 해수면 아래에 위치해 있음). 그 결과, 네덜란드는 수로 수송에 적합한 매우 커다란 지역을 가지게 되었다. 그 후 곧 네덜란드는 '황금시대'(Golden Age)에 돌입하게 되었으며, 세계 경제발전의 리더가 되었다.

마지막으로, 만약 우리가 중세 말기로 되돌아간다면 유럽에서 진정한

통일을 이룩한 최초의 국가가 잉글랜드(England) –좀더 정확히 말하면, 잉글랜드와 웨일즈(Wales) – 라는 사실을 알게 된다. 잉글랜드는 16세기경에 지방 봉건제도를 거의 폐지하였다. 그 후 잉글랜드는 스코틀랜드를 정복하여 '대(大)브리튼'(Great Britain, 잉글랜드, 웨일즈, 스코틀랜드 지역을 말함)을 건설하였다. 그 결과, 대브리튼은 사실상 하나의 자유시장(free market)이 되었다. 반(半)자치적인 도시들과 별개의 무역장벽들을 가진 봉건지역들이 하나의 '연합 브리튼'(unified Britain)을 구성하게 되었다. 교과서들은 이것을 '중상주의 시기'(mercantilistic period)라고 부르고 있고, 또 국가 차원에서 높은 관세를 부과하고 있었음을 강조하고 있다. 그럼에도 불구하고 당시 연합 브리튼은 '지역통합'(정확히 말하면, 관할지역의 확대)에 힘입어 커다란 무역자유화가 이루어졌다. 또한 이 시기는 '상업혁명'(Commercial Revolution)과 눈부신 경제발전의 시기였다. 그러나 영국의 이러한 발전은 19세기에 일어난 몇 차례의 내란(civil wars)으로 중단되게 되었다. 그 후 영국은 이러한 불안정하고 혁명적인 기간이 끝난 후 마침내 '산업혁명'(Industrial Revolution)을 달성하여 획기적인 경제발전을 이룩하게 되었다.

따라서 역사적으로 여러 기간 동안 세계 여러 지역들에서 일어난 '지역통합'에 힘입은 '대(大)시장'(big market)의 출현으로 보호 정책들이 크게 감소하였다. 이는 단순히 지역통합에 의한 하나의 대(大)시장이 수많은 작고 보호받는 시장(small protected market)을 대체하였기 때문이다. 비록 대시장들에서 때때로 보호 수준이 매우 높았지만, 다른 한편으로 커다란 '무역자유화'가 이루어졌다. 그 결과, 역사적으로 대시장들에서 모든 경우에 급속한 경제발전이 뒤따르게 되었다.

4. 자유무역과 경쟁시장 및 경제성장에 대한 더 광범위한 증거들: 대외지향적 정책과 경쟁우위

이제까지 나는 넓고 보호받지 않은 시장들[19](wide and unprotected markets, 즉 지역통합에 의한 대시장을 말함)이 '경제성장의 모판'으로서의 가치에 대한 통계적 및 역사적 증거들을 소개하고 설명해 왔다. 이것은 새롭고 또한 다른 유형의 증거이다. 그러나 기존의 여러 증거들도 나와 똑같은 방향을 가리키고 있다. 여기서 국제무역에 대한 수많은 관련 문헌들에 대해 다시 언급할 필요는 없을 것이다. 그러나 국제무역 및 경제발전 전문가들이 제시한 최근의 새로운 발견에 관해 간단히 언급하는 것은 의미가 있을지도 모른다. 그들에 의한 최근의 발견에 따르면 "무역 정책은 경제학자들이 과거에 인식하고 있는 것보다 개발도상국들의 경제성장에 비교가 안 될 정도로 더 중요하다"는 것이다. 왜 무역 정책이 개발도상국들의 경제발전에 더 중요한가?

내가 보기에 그러한 결과는 "대부분의 개발도상국들이 선진국들보다 제조업에 대한 보호 수준이 훨씬 더 높았기 때문"이라고 생각된다. 심한 경우 개발도상국들에서 제조업에 대한 보호 수준이 선진국들에 비해 10배 또는 20배 더 높은 것으로 나타났다. 그러나 또 다른 중요한 사실은 "소수의 개발도상국들은 '대외지향적' 정책들(outward-looking policies)을 실시하고 있었다"는 점이다. 이러한 대외지향적 정책들을 실시하는 덜 보호적인 사회(국가)들의 경제성과가 '대내지향적' 정책들(inward-looking policies)을 실시하는(또

19) [역자주] 이는 다시 말하면, '넓고 자유로운 시장들'을 의미한다. 이에 대한 반대 개념으로 전술한 '작고 보호받는 시장들'(small and protected markets)이 있다.

는 더 보호적인) 사회(국가)들보다 현저히 더 나은 것으로 나타나고 있다. 이러한 사실은 여러 국가들을 대상으로 한 면밀한 분석에서뿐만 아니라 (자료가 입수 가능한) 모든 개발도상국들을 대상으로 한 체계적인 분석에서도 분명하게 드러나고 있다. 세계은행(World Bank)은 41개 개발도상국들을 대상으로 이들 국가를 보호주의적이고 대내지향적인 정도에 따라 분류한 후 각국의 수출과 수입에 있어서의 상대적 중립성 여부를 분석해서, 그 결과를 1987년 「세계발전보고서」(World Development Report)를 통해 발표하였다.[20)]

「세계발전보고서」에 따르면 경제성장과 관련하여 다른 여러 요인들도 중요한 영향을 미치지만 무엇보다도 덜 보호적(less protectionist)이거나 더 대외지향적인(more outward-looking) 국가들이 더 보호적(more protectionist)이거나 더 대내지향적인(more inward-looking) 국가들보다 훨씬 더 급속도로 성장하였으며, 또한 전자의 국가들은 후자의 국가들보다 경제성과에 관한 다른 측정치에 의해서도 더 나은 결과를 보여 주었다. 우리가 이미 잘 알고 있듯이 홍콩, 한국, 싱가포르, 대만 등은 다른 개발도상국들에 비해 보호 정책을 덜 사용하였을 뿐만 아니라 급속한 경제성장으로도 유명하다. 그러나 조사 대상에 포함된 국가들 간에 보호의 정도와 경제성과에 있어서 약간의 변화가 있지만 이와 비슷한 결과를 보여 주었다. 홍콩, 싱가포르, 대만의 1인당 소득 수준만큼은 아니지만 한국은 가장 성공적인 개발도상국들을 지칭하는 '아시아의 네 마리 호랑이들 중 한 마리'(Asian tiger)[21)]로 불리어지고 있다. 일부 한국 경제 관측자들에 따르면 한국은 과거에 높은 수준의 보호 정책들을 실시하였으며, 또한 결코 자유방임적인(laissez faire) 정책을 실시한 적이

20) World Bank, *World Development Report*, Oxford University Press, 1987. 특히 제5장인 pp. 78~94를 참조하기 바란다.

21) [역자주] 원문에서는 아시아 '4인방'(gang of four)이라고 표현하고 있다.

없었다고 주장하고 있다. 후자의 주장에 대해서는 분명한 증거가 있지만, 전자의 경우는 명확한 근거가 없다. 왜냐하면 한국의 '높은 수출과 수입 비중'은 대부분의 개발도상국들의 기준으로 볼 때 한국은 분명히 대외지향적이고 비교적 개방적인 국가였음을 의미하기 때문이다. 아무튼 관련 국가를 어떻게 분류하든[22] 세계은행에서 분석한 자료에 따르면 "대외지향성(outward orientation)과 급속한 경제성장 간에 강한 상관관계가 존재한다"는 사실을 결코 부인할 수 없다. 따라서 "덜 보호적인 개발도상국들이 더 보호적인 개발도상국들보다 훨씬 더 나은 경제성과를 보여 준다"는 증거는 거부될 수 없다.

우리가 주목해야 할 또 다른 증거는 '국제경쟁에서 매우 두드러진 업적을 낸 선진국 기업들과 산업들의 성과'이다. 포터(Michael E. Porter)와 그의 많은 공동연구자들은 10개 선진국들을 대상으로 국제시장에서 눈부신 성과를 낸 기업들과 산업들을 연구해서 그 결과를 『국가의 경쟁우위』(*The Competitive Advantage of Nations*)라는 제목으로 출간하였다.[23] 포터 교수의 『국가의 경쟁우위』는 객관적인 자료를 통해 수없이 많은 '특별한 사례들'을 분석하였으며, 그 결과 '국제경쟁에서 성공하는 기업들과 산업들'은 보호가 없는 치열한 국내 및 국제 경쟁 환경에서 체계적으로 성장하고 있음을 보여 주었다. 반면에 보호주의, 카르텔 결성, 보조금 지급 등은 국제적으로 성공한 기업들과 산업들을 양성해 내지 못하였음을 보여 주었다. 즉, 보호주의와 카르텔, 그리고 보조금 지급 등이 만연된 국가들에서는 국제적으로 성공한 기업들과 산업들을 배출해 내지 못하였다(놀랍게도 포터 교수가 보여

22) [역자주] 즉, 한 나라만 가지고 분석하든, 또는 몇몇 국가들을 대상으로 분석하든.
23) Porter, Michael E., *The Competitive Advantage of Nations*, New York: The Free Press, 1990.

준 국제시장에서 성공한 기업들과 산업들의 사례에서 많은 수가 스웨덴의 기업 및 산업들이었다. 우리는 나중에 이러한 결과가 결코 놀라운 사실이 아니라는 것을 나의 새로운 주장을 통해 설명할 것이다).

또한 포터 교수는 '국제 경쟁(시장)에서 성공한 기업들과 산업들'은 소위 '공생적이고 자발적인 활동들의 결합체'인 '클러스터'(cluster)[24]에 의해 조성되고 성장하고 있음을 주장하였다. 다시 말하면, 국제 경쟁에서 성공한 기업들과 산업들은 ① 중간재 투입물의 수많은 경쟁적 공급자들, ② 전문화된 기술을 가진 노동력, ③ 양질(良質)의 연구 및 교육 인력, ④ 선택의 여지를 가진 까다로운 소비자들 등에 의해 조성되고 성장하고 있다. '치열한 경쟁'과 '다양한 투입물에 대한 자유로운 접근'이 결합(즉, 클러스터화)됨으로써 국제적 경쟁우위(international competitive advantage)를 확보하는 데 필요한 지속적인 혁신과 효율성 증대를 가져다주었다.[25] 포터 교수의 이러한 주장을 바탕으로 나는 다음과 같이 결론을 내리고자 한다. 즉, "보호 수준이 높은 소규모 국가는 치열한 국내 경쟁이나 공생적이고 경쟁적인 클러스터를 결코 가질 수 없다". 따라서 포터의 저서는 "자유무역과 대(大)시장들이 경제성장에 결정적으로 중요하다"는 또 다른 유형의 증거를 제시해 주고 있다.

동유럽을 포함한 전 세계로부터 도출된 다른 유형의 증거들도 이제까지의 결론과 똑같은 방향을 가리키고 있다. 이들에 대해서는 지면관계상

---

24) [역자주] 클러스터(cluster)는 사전적 의미로는 '같은 종류의 물건 또는 사람의 집단'을 의미한다.

25) 이와 달리 Christopher Clague는 계량경제적 방법을 통해 더 보호적인 개발도상국들의 제조업 수출품이 비교적 자족적인(self-contained) 제품이라는 점을 발견하였다. 여기서 '자족적인 제품'이란 다양한 중간재 투입물에 대한 자유로운 접근 없이도 생산될 수 있는 제품을 말한다. 이에 대해서는 Clague, Christoper, "Relative Efficiency, Self-Containment and Comparative Costs of Less-Developed Countries," *Economic Development and Cultural Change*, Vol. 39, No. 3, 1991, pp. 507~530을 참조하기 바란다.

더 이상 언급하지 않을 것이다. 이제 본장에서 제시한 강력한 결과들과 제1장에서 설명한 모호한 결과들을 연결시켜 보도록 하자.

5. 보호 정책들이 복지국가보다 왜 경제성장에 더 나쁜가?

이제까지 살펴보았듯이 다음 두 가지 결과는 분명하게 대비(對比)된다. 첫째, 본장에서 살펴보았듯이 "보호 정책들은 소규모 국가들에서 경제성장에 매우 나쁜 영향을 미친다"는 주장은 통계적 및 역사적 패턴에서 강하게 나타나고 있다. 다시 말하면, 보호 정책들과 경제성장 간에는 매우 강한 통계적 및 역사적 상관관계가 존재한다. 둘째, 제1장에서 설명하였듯이 "복지국가의 크기와 경제성장에 대한 정리되지 않은 사실들에서는 분명한 패턴이 존재하지 않는다". 즉, 복지국가의 크기와 경제성장 간에는 분명한 상관관계가 존재하지 않는다. 이러한 대비는 하나의 퍼즐과 같다. 제1장에서 자세히 살펴보았듯이 총량 자료들(aggregate data)에서는 복지국가의 크기가 경제성장률에 미치는 영향은 제대로 식별하기 어렵다. 그럼에도 불구하고 시장에서의 정부 개입(즉, 보호 정책들과 소득재분배)이 왜 경제성과에 그러한 극적인(놀라운) 효과를 미치는가? (물론 그러한 효과는 총량 자료들에서와 달리 쉽게 증명될 수 있다.)

다음 장들에서 자세히 살펴보겠지만 특정 유형의 정부 개입(정확히 말하면, 시장에서의 정부 개입)이 다른 유형들에 비해 경제성과에 훨씬 더 큰 영향을 미친다. 이는 부분적으로 특정 유형의 정부 개입은 면밀히 감시할 수 있어서 그 영향이 제한적이지만, 다른 유형의 정부 개입들은 그렇지 못하기

〈소득재분배 유형과 경제성과〉

소득재분배(복지국가) 유형	경제성과	사례
더 복잡하고 덜 분명한(투명한)	해로운 영향을 미침	일반적
덜 복잡하고 더 분명한(투명한)	나쁜 영향을 미치지 않음	스웨덴

때문이다. 다음 장에서는 두 가지 다른 유형의 소득재분배(정부 개입)를 구분하고자 한다. 이들 재분배는 경제발전에 아주 다른 영향을 미치기 때문이다. 우선, 경제성과에 더 해로운 소득재분배 유형은 더 복잡하고 덜 분명한(투명한) 특성을 가지고 있다. 다시 말하면, 더 복잡하고 덜 분명한(투명한) 유형의 소득재분배는 경제성과에 더 해로운 영향을 미친다. 그러나 스웨덴은 독특하게도 '덜 복잡하고 더 분명한 유형'의 소득재분배 제도를 운영하고 있으며, 그 수준(비중) 또한 높은 편이다. 스웨덴은 일반적으로 높은 수준의 '덜 분명하고 더 복잡한 유형'의 소득재분배(이를 '경제성과에 해로운 소득재분배'라 함)를 가지고 있는 것처럼 인식되고 있지만 사실은 그렇지 않다. 이것이 스웨덴이 다른 대규모 복지국가들과 구별되는 점이다. 스웨덴은 비록 높은 수준의 소득재분배를 실시하고 있지만, 그 내면의 특성, 즉 '덜 복잡하고 더 분명한' 재분배 유형 때문에 경제성과에 해로운 영향을 미치지 않고 있다. 따라서 본서에서 나는 이 점이 '스웨덴이 지금보다 더 나빠지지 않는 가장 중요한 이유'라는 것을 설명하고자 한다.

제 3 장

소득재분배의 유형:
명시적 재분배와 암묵적 재분배
그리고 효율적 재분배

03

소득재분배의 유형:
명시적 재분배와 암묵적 재분배 그리고 효율적 재분배

1. 소득분배의 변화 요인: 소득재분배의 주요 수단들

대부분의 사람들은 '소득재분배'(income redistribution)라는 말을 "소득분배의 불평등을 감소시킬 목적으로 명시적으로 고안된 사회보험(social insurance)이나 각종 복지 프로그램들(welfare programs)을 통하여 저소득 계층들에게 제공하는 이전지급"으로 이해하고 있다. 다시 말하면, 일반적으로 사람들은 소득재분배가 명시적인 사회보험이나 복지 프로그램들을 통해 이루어진다고 생각하고 있다. 과연 소득재분배가 이들에 의해서만 이루어지는가? 실제로 소득재분배는 여러 유형들이 있고, 또 여러 요인들에 의해 영향을 받는다. 소득분배를 변화시키는 요인들로 다음을 들 수 있다.

우선, 시장에서 기업들이나 노동자 집단들에 의한 '집단행동'(collective action)이 소득분배를 변화시키는 것과 마찬가지로 여러 종류의 정부 개입도 사람들의 소득분배를 변화시킨다. 제2장에서 살펴본 관세 부과, 수입쿼터(수입수량할당), 기타 보호무역 정책들도 분명히 소득분배를 변화시킨다. 이들 정책들은 일부 제품들의 '가격'을 변화시키고, 그 결과 기업들의 수익이나 노동을 비롯한 생산요소 소유자들의 소득을 변화시킨다. 또한 공적 보조금(public subsidy), 가격지지(price supports), 조세 허점(tax loophole) 등도 분명히 사람들의 소득분배를 변화시킨다. 정부의 예산에 거의 또는 어떠한 영향도 미치지 않는 수많은 공공 정책들(public policies) – 예를 들면, ① 진입을 규제하고, 경쟁을 제한하고, 가격을 조작하는 등의 각종 규제 정책들(regulations)이나, ② 고용인들(근로자들)과 기타 사람들에 대한 의무적 복지 혜택(mandate benefits) 등 – 도 사람들의 소득분배를 변화시킨다. 마지막으로, 기업들이나 노동자들이 명시적 카르텔이나 암묵적 공모(tacit collusion)를 통해 가격이나 임금을 변화시키기 위해 연합에 성공한다면 이러한 행위들 또한 소득분배를 변화시킨다.

이와 같이 소득분배는 사회보험이나 각종 복지 프로그램들뿐만 아니라 여러 요인들에 의해 영향을 받는다. 즉, 여러 종류의 정부 개입들이나 공공 정책들과 기업 및 노동자들의 각종 담합행위 등에 의해 소득분배가 변화된다.

〈소득재분배의 유형〉

명시적 재분배	암묵적 재분배
• 사회보험 • 각종 복지 프로그램들	• 관세 부과, 수입쿼터(수입수량할당), 각종 보호무역 정책 • 제품의 가격 변화 • 공적 보조금, 가격지지, 조세 허점 • 각종 규제 정책 • 의무적 복지 혜택 • 명시적 카르텔, 암묵적 공모

2. 명시적 재분배와 암묵적 재분배

소득재분배는 그것이 명시적(明示的)이든 암묵적(暗默的)이든 '사회적 비용', 즉 '자중손실'(deadweight loss)을 발생시킨다. 먼저, 소득재분배의 유형과 그 개념을 정의해 보기로 하자. 우선, '정부가 공개적으로(명시적으로) 저소득 계층들에게 이전하거나 제공하는 금전이나 서비스'를 '명시적 재분배'(explicit redistribution)라 부른다. 왜냐하면 이들 계층은 단순히 도덕적으로 그러한 지원을 받을 만하거나 받을 필요가 있기 때문이다. 반면에 어느 한 사회(국가)가 재분배 목적 이외의 다른 이유들로 어떤 정책을 채택한다면 그러한 재분배는 '암묵적 재분배'(implicit redistribution)라고 부른다. 이러한 예로 어느 한 사회(국가)가 ① 수입경쟁으로부터 국내 제조업자들을 보호하거나, ② 특정 산업부문에서 가격이나 경쟁을 규제하는 경우 등을 들 수 있다. 이들 정책은 당해 국가의 발전이나 잠재력을 증진시킬 것이라는 이유로 쉽게 정당화될 수 있다.

다음으로, 소득재분배의 사회적 비용이란 무엇을 말하는가? 경제학의 일반적인 관례에 따라 우리는 '재분배(명시적이든 암묵적이든)의 사회적 비용'(social cost)을 '자중손실' 또는 '초과부담'(excess burden)이라고 정의하기로 한다. 즉, 재분배의 사회적 비용이란 '이전지급(재분배)으로 인해 발생하는 국민소득의 감소'를 의미한다. 예를 들어, 어느 한 집단에 대해 이전지급을 해주기 위하여 그 재원으로서 다른 집단에 대해 조세를 부과한다고 가정한다면, 이때 사회적 비용은 어떻게 측정되는가? 이 경우 사회적 비용은 '경제적 각종 왜곡 요인들로부터 초래되는 국민소득의 감소'에 '이전지급을 집행하는 데 드는 비용들'을 합친 것이다. 여기서 왜곡 요인들이란 근로 유인,

저축 유인, 혁신 유인, 그리고 자원의 최적 배분 유인 등에서 발생하는 손실 또는 왜곡을 의미한다. 그러나 이전지급의 재원조달자들인 납세자들이 부담하는 금액은, 비록 그들에게는 중요하지만, 사회적으로는 손실이나 비용이 아닐 수도 있다. 왜냐하면 이전지급의 '수혜자들'도 그 사회의 한 구성원이기 때문이다. 사회적 비용에 대한 이러한 정의는 경제학에서 일반적이며, 또한 경제성장률이나 1인당 국민소득 수준을 설명할 때 적절하게 이용되는 개념이기도 하다.[1)]

명시적 재분배와 암묵적 재분배를 포함하여 많은 재분배 활동들 중에서 '어떤 재분배'가 재분배되는 금액에 대해 가장 큰 사회적 비용을 초래하는가? 이 문제는 매우 중요하지만 그 동안 이상하게도 거의 무시되어 왔다. 따라서 우선 이 문제부터 심도 있게 살펴보기로 하자.

3. 재분배 수혜 기준(조건)과 사회적 비용: 조건부 재분배의 사회적 비용

어떤 유형의 재분배가 최소의 사회적 비용을 가져다주는가? 경제이론으로부터 이에 대한 해답을 찾을 수 있다. 경제이론에 따르면 사회적 비용을 최소화하는 재분배로 '정액이전지급'(lump-sum transfer)이 있다. 정액이전지급이란 정의(定義)에 따르면 경제적 유인들(incentives)에 어떠한 영향도 끼

1) 만약 민간 또는 공공 부문에 의한 어떤 지출이 국민소득을 실제로 증가시킨다면 이는 '재분배'라기보다는 '투자'라고 하는 게 더 나을 것이다. 따라서 빈곤층의 숙련을 위한 공공 투자는 실제로 국민소득을 증가시키기 때문에 재분배라고 간주되지 않을 것이다. 따라서 '투자'와 '재분배'를 명확히 구분하는 것이 중요하다.

치지 않는 이전지급을 말하며, 그 결과 어떠한 사회적 손실(비용)도 발생시키지 않는다. 정액이전지급의 개념은 이론적 논의에서는 매우 유용한 도구이지만, 문제는 어떠한 사회(국가)도 실제로 이러한 정액이전지급 프로그램을 지속적으로 운영하고 있지 않다는 데 있다. 만약 정액이전지급이 지속적으로 실시된다면 사회의 유인들이나 소득에 큰 영향을 미치게 될 것이다. 따라서 정액이전지급이 실제적으로 실시되기 어렵다면 어떤 유형의 이전지급이 이상적인(ideal) 정액이전지급에 가장 가까운가?

이전지급에 드는 재원을 마련하는 데 필요한 조세 부과로부터 약간의 초과부담이 필연적으로 발생하지만, 자중손실(초과부담)은 대개 '무조건적인 현금 이전지급'(unconditional cash transfer)에 의해 '최소화'될 수 있다. 만약 '무조건적인 현금' 이전지급의 수혜자들이 그러한 이전지급을 수혜받기 위하여 어떤 일을 하도록 요구받지 않거나 또는 실제로 아무 일도 하지 않는다면 이러한 이전지급은 수혜자들의 유인에 어떠한 영향도 미치지 않을 것이다. 또한 만약 무조건적인 이전지급이 '현금'의 형태로 이루어진다면 수혜자들은 이를 사용하여 자신들이 원하는 것을 마음대로 할 수 있을 것이다. 그 결과, 수혜자들의 소비선택에 어떠한 왜곡도 발생하지 않는다.

이제 이러한 논의를 경제적이지 못한(경쟁력을 상실한) 어떤 산업에 적용해 보면 그 효과를 더욱 분명히 알 수 있다. 이를 위해 다음 산업을 가정해 보기로 하자. 우선, 어떤 국가의 조선 산업이 비교우위(또는 경쟁력)를 상실하였으며, 그로 인해 조선소를 가동하는 데 드는 비용들이 선박 판매로부터 획득되는 수입(收入)보다 크다고 가정해 보자.

둘째, 조선 산업에 대한 정부의 '재분배'(지원)가 없다면 당해 조선 산업은 문을 닫거나 파산할 것이라고 가정해 보자.

셋째, 조선 산업에 외부경제(external economy)효과가 없다고 가정해 보자. 외부경제효과는 사회적 효율성을 근거로 정부의 보조금 지급을 정당화하는 데 이용되는 수단이다. 따라서 순전히 '정치적 압력'(political pressure) 때문에 조선 산업에 대한 원조나 보호가 이루어진다고 가정해 보자. 조선 회사들과 노동자들은 원조나 보호를 얻기 위해 정치적 압력을 행사하기 때문이다.

넷째, 조직화된 조선 회사들과 노동자들은 로비활동을 통해 외국산 선박의 국내 판매를 '금지'하는 데 성공한다고 가정해 보자. 이러한 보호무역 조치는 다음 '조건' 하에서만 조선 회사들과 노동자들에게 이익을 가져다 준다. 즉, 조선 회사들과 노동자들이 '조선 산업에 계속 머물러 있어야만'(재분배 수혜 조건) 그러한 혜택을 받을 수 있다. 만약 정부 지원을 받을 수 있는 '조건'(기준)이 "조선 회사들과 노동자들이 조선 산업에 계속 머물러 있거나 고용되어 있어야만 한다"는 것이라면, 수혜자들은 재분배 조건을 충족시키기 위하여 자신들이 가진 시간과 다른 자원들을 (경쟁력을 상실한) 조선 산업에 배분하게 될 것이다. 좀더 일반적으로 말하면, 정부 지원을 받을 수 있는 '조건'(기준)이 "관련 기업들과 노동자들이 기존 산업에 계속 머물러 있어야만 한다"면 수혜자들은 재분배의 조건을 충족시키기 위하여 귀중한 시간과 금전적 자원을 이미 경쟁력을 상실한 당해 산업에 배분하게 될 것이다.

경쟁력을 상실한 산업을 지원·유지함으로써 사회적으로 자원의 낭비가 발생한다. 이미 경쟁력을 상실한 산업을 지원하기 위하여 자원들(보조금)을 투입하는 경우 그러한 자원들은 사회적으로 덜 가치 있는 산출물을 생산하게 되는 결과를 초래한다. 왜냐하면 그러한 자원들을 보조금이 지급되지 않은 경쟁적인 산업부문에 가장 효율적으로 사용할 수 있기 때문이다. 따라서 경쟁력을 상실한 산업에 투입되는 그러한 자원들은 부분적으로 낭비되고, 이는 사회적으로 재분배의 재원을 마련하는 데 드는 조세나 기타 직접적 비용 이외에 추가적 비용을 발생시킨다.

이러한 논의는 '사양 산업들'(declining industries)에 대한 구제금융(긴급원조)이나 지원뿐만 아니라 성장 산업들(growing industries)에 대한 재분배 정책에도 적용될 수 있다. 예를 들면, 날로 성장하는 산업이나 부문에서 가격을 인상시키는 '재분배적인' 관세나 보조금이 지급된다면 가격 인상을 최대한 이용하기 위하여 여타 자원들이 이곳으로 '이동'할 것이고, 이러한 자원들은 이동 이전에 비해 사회적으로 덜 가치 있게 사용될 것이다. 즉, 보조금이 지급된 산업부문의 경우 '사회적' 한계수익(marginal social return: MSR)이 사적 한계수익(marginal private return: MPR)보다 더 클 것이다: 즉, MSR>MPR. 그러면 자원의 이동은 언제까지 계속될 것인가? 자원의 이러한 이동은 특혜를 받은 산업(즉, 관세나 보조금이 지급되는 산업)과 다른 산업에서 얻는 사적 한계수익(MPR)이 같아질 때까지 계속될 것이다. 그러나 보조금이 지급되지 않은 산업부문의 경우 동일 자원에 대한 '사회적' 한계수익(MSR)이 사적 한계수익(MPR)보다 더 적을 것이다: 즉, MSR<MPR. 또한 보조금이 지급된 부문으로의 '자원의 이동'은 보조금 수혜자의 입장에서 볼 때 일부 재분배가 '낭비된다'는 것을 의미한다.

이와 같이 특정 산업에 대한 재분배는 사회적으로 자원의 비효율적 배분이나 사용을 초래한다. 즉, ① 특정 산업이나 직업, 또는 지역에 대해 재분배를 제공하거나, ② 특정 요소 사용자들에 대해 재분배를 한다면 사회적으로 자원이 비효율적으로 배분되거나 덜 가치 있게 사용될 것이다. 시장실패(market failure)를 교정하기 위해서가 아니라 특정 집단에게 이익을 주기 위해 보조금이 지급되거나 규제 조치들이 취해진다면, 이들은 단순히 '재분배적' 목적을 추구하기 위해 이루어지기 때문에 사회적으로 커다란 손실을 초래한다.[2] 또한 특정 집단을 편애하는 보조금이나 규제 조치들은 다음과 같은 이유로 '사회적 낭비'를 발생시킨다. 즉, 특정 산업이나 직업, 또는 지역 등이 재분배 혜택을 받으려면 '수혜 조건'이 필요하다. 재분배의 수혜 조건을 충족시키기 위하여 관련 기업들이나 노동자들은 특혜(재분배)가 지급되는 부문으로 자금(자원)과 시간을 배분해야만 한다. 이 과정에서 사회적 낭비가 초래된다. 만약 재분배가 없었다면 그러한 자금과 시간은 가장 생산적인 부문에 배분되어 가장 효율적으로 사용되었을 것이다.

재분배에 드는 비용이 지탱할 수 없을 정도로 커지는 것을 방지하고, 재분배가 사회적으로 '낭비되는' 것을 방지하기 위하여 종종 규제나 각종 제한들이 가해진다. 또한 부정한 방법으로 보조금(재분배)을 타먹기 위한 '남용적'(abusive) 또는 '투기적인'(speculative) 활동을 예방하고, 보조금이 지급되는 재화의 과잉 공급을 방지하기 위하여 '공적 규제기관'(regulatory agency)이 설립될 수 있다. 그러나 최초의 기업들과 노동자들만이 가격 인상(예를

2) 이 문제는 본 논의에서는 그다지 중요하지 않다. 그러나 '소규모 암묵적 재분배'를 분리하는 데 몇 가지 복잡한 문제들이 발생한다. 어떤 정책이 '단순히 재분배적'인지를 결정하기 위하여 초기 제도들과 정책들을 명시할 필요가 있다. 물론 명시된 초기 조건들이 논란의 여지가 있을 수 있다. 예를 들면, 어떤 제도들이 가장 생산적인지에 대해 견해가 다를 수 있다. 따라서 일부 연구자들은 초기에 주어진 암묵적 재분배의 정도에 반대할 수 있다. 왜냐하면 이들은 정책 변화가 정의되는 초기 상태(initial state)에 대해 반대하기 때문이다.

그러나 '암묵적 재분배'의 개념은 부존 자산이나 부(富)의 초기 분배 상태가 어떠하든지에 관계없이 적용될 수 있다. 왜냐하면 바람직한 부의 분배는 암묵적 재분배가 아니라 '명시적' 재분배에 의해 획득되기 때문이다. 암묵적 재분배를 구분하기 위하여 '사회소득을 증가시키는 생산적 정책'과 '사회소득을 암묵적으로 재분배하는 정책'을 명확히 구분해야 한다. 물론, 이것은 매우 어려운 작업이다.

본서는 대규모 자중손실을 초래하는 '암묵적' 재분배만 고려하기 때문에 이러한 복잡성은 주요한 문제가 아니다. 또한 어떤 정책들이 대규모 초과부담을 초래하는지에 대해서는 전문가들 사이에 견해 차이가 거의 없다.

들면, 관세 부과)의 혜택이나 다른 보조금들을 합법적으로 받을 수 있을 것이다. 마지막으로, 사양 산업들의 경우에 보호 조치나 보조금 지급으로 사양 산업의 경쟁력이 회복되고, 동시에 일부 잉여 자원들이 사양 산업에서 다른 산업으로 이전되도록 하는 규제 조치들이 고안될 수 있다. 따라서 이러한 규제 조치들은 조건부 재분배(conditional redistributions)가 산업 간에 자원배분을 왜곡시키는 정도를 감소시키는 역할을 한다.

4. 느린 혁신과 자중손실: 자중손실로서의 완만한 혁신

이제까지 서술하였듯이 규제와 제한 조치들은 실제적으로 적용되고, 또 실시되어야 한다. 그러나 규제와 제한 조치들은 생산 과정에서 행정적 또는 규제적 개입을 수반한다. 규제와 제한 조치를 실시하는 데 필요한 관료주의 비용들은 그다지 크지 않을 것이다. 그러나 관료주의로 인한 추가적인 복잡성, 경직성, 지연성 등이 수반하는 '사회적 비용'(social costs)은 결코 적지 않을 것이다. 만약 가격 인상이나 다른 보조금이 가져다주는 여러 혜택들이 관련 산업 내 최초의 자본과 노동에 국한된다면 규제당국은 주어진 지출이 단지 유지 및 보수용인지, 아니면 진정으로 신규 투자인지를 결정해야만 한다. 만약 가격 인상이나 다른 보조금으로부터 발생할지도 모르는 추가 생산량이 그러한 규제 조치로 인해 저지된다면 각 기업의 생산 수준은 감시되고 통제되어야 한다.

만약 규제 조치에 의해 신규 투자나 생산 수준이 통제를 받는다면 '기업의 혁신 유인'(incentive to innovate, 혁신하려는 유인)은 더 이상 남아 있지 않을 것이다. 만약 새로운 기술이나 아이디어 개발(즉, 기업의 혁신 유인)이 규제 조치로 인해 제약을 받는다면 새로운 투자 또는 생산활동은 필요한 규제 허가(regulatory approval)를 즉각적으로 받지 못할 것이다. 또한 경쟁자의 혁신으로부터 손해를 입는 기업들은 혁신활동을 저지하기 위하여 규제 과정(regulatory process)을 정치적으로 이용할 수도 있다.

따라서 보조금이 지급되는 부문에서 자원의 낭비와 남용을 방지하는 데 필요한 각종 통제들은 대개 혁신을 지체시키고, 또 자원의 재배분을 느리게 한다. '조건부 재분배'(conditional redistribution)의 사회적 비용은 종종 기업의 혁신율(rate of innovation) 저하와 그로 인해 경제의 신축성 저하를 초래한다. 일부 경제학자들은 정태적 관점(static contexts)에서만 '초과부담'과 '자중손실'을 이야기한다. 여기서 '정태적 관점'이란 혁신, 신축성, 생산성 향상 등이 존재하지 않는 경우를 의미한다. 그러나 '동태적 손실들'(dynamic losses)이 정태적 비용들(static costs)보다 훨씬 더 크기 때문에 이러한 인식은 잘못된 것이다. 따라서 본서의 논의에서는 조건부 재분배로부터 초래되는 초과부담이나 자중손실은 동태적 관점에서 규제나 다른 복잡한 의사결정 과정이 초래하는 '느린 혁신율과 생산성 저하'까지를 포함하고 있다.

만약 보호 및 보조금을 지급받거나 카르텔화(化)된 산업에 종사하는 사람들에게 정부로부터 조건이 붙어 있지 않은(무조건부) 현금이 지급된다면 사회가 부담하는 총비용은 단지 '이전지급되는 금액'에 '(이전지급의 재원인) 조세 부과에 따른 자중손실'을 더하면 된다. 이 경우 현금 지급의 수혜자들은 최고의 수익(즉, 사적 한계수익)을 가져다주는 부문에 자신의 자본과 노동을 배분할 유인을 여전히 가지고 있다. 또한 여타 시장실패들이 없다면 이러한 자원들은 최고의 사회적 한계수익(SMR)을 가져다주는 부문에 배분될 것이다. 무조건적인 현금 보조금(unconditional cash subsidy)의 수혜자들은 자신들에게 이전되는 현금으로 인해 더 부유해질 것이고, 그 결과 이전지급의 이러한 '소득효과'(income effect)는 그들이 더 많은 여가를 누리도록 해줄 것이다. 그러나 이러한 결과가 사회의 '효율성'(social efficiency)을 감소시키지는 않을 것이다. 왜냐하면 무조건적인 현금 보조금을 지급받는 일부 사람들(수혜자들)은 더 많은 소득을 가지고 더 많은 여가를 누릴 수 있지만, 추가적으로 세금을 부담하는 다른 사람들(납세자들)은 더 적은 소득을 가지고 더 적은 여가를 누리기 때문이다. 따라서 (조세 부과에 따른 초과부담을 논외로 한다면) 사회 전체의 효율성은 변하지 않을 것이다.

재분배(보조금) 때문에 발생하는 가처분소득의 새로운 분배는 불공평할 수도 있고, 또 불공평하지 않을 수도 있다. 이는 현재의 논의와 관계없는 별개의 문제이다. 왜냐하면 현재의 논의는 '어떤 유형의 재분배가 더 적은 사회적 비용을 가져다주느냐'에 초점을 맞추고 있기 때문이다. 특정 재분배가 그 성질상 또는 그 조건상 현재 활동에 계속 남아 있는 사람들에게 국한된다면, 재분배의 수혜자들에게 '무조건적인 현금 지급'(unconditional cash payment)을 통해 똑같은 순이득을 제공해 줄 수 있다. 따라서 '공평성'에 관해 도덕적으로 염려할 필요가 없어진다. 왜냐하면 '사회적 비용을 증가시키는 것은 다름 아닌 특정 산업이나 직업 또는 지역에 대한 지원이나 보호조치에 내재된 기준이나 조건들이기 때문이다.

또한 이제까지 언급한 점들을 지나치게 과장할 필요는 없다. 왜냐하면 '무조건적인 재분배와 관련된 조세 부과로 인한 초과부담'이 '암묵적 재분배로 인한 초과부담'보다 더 클 수 있기 때문이다. '무조건적인 현금 이전지급(unconditional cash transfer)에 대한 재원을 조달하는 데 필요한 조세 부과로부터 발생하는 초과부담(자중손실)'이 '보호, 독점, 규제, 기타 암묵적 재분배 수단들로부터 초래되는 자중손실'보다 더 클 수 있다.[3] 이 경우에 무조건적인 현금 이전지급은 가장 저렴한 형태의 재분배, 즉 사회적 비용이 가장 적은 재분배가 아닐 것이다. 왜냐하면 조세부담 또한 본질적으로 소득이나 근로시간에 달려 있기 – 즉, '조건적'(conditional)이기 – 때문이다. 즉, 우리가 납부하는 조세액은 우리가 벌어들이는 소득액에 달려 있으며, 또한 근로시간과 저축액에 달려 있기 때문이다. 이러한 조건은 사람들의 선택을 사회적으로 덜 효율적으로 만드는 역할을 한다. '조세 부과와 관련된 이러한 조건성(conditionality)'은 일반적인 '암묵적 재분배(implicit redistribution)에 대한 조건들'보다 더 큰 왜곡을 초래할 수 있다. 그러나 논리적으로 무조건적인 재분배와 관련된 조세 부과가 일반적 암묵적 재분배보다 더 적은 사회적 비용을 초래할 것이다. 그러나 이 문제는 실제적으로 그다지 중요하지 않다.

다음으로, 수많은 암묵적(implicit) 재분배와 조건부(conditional) 재분배들이 초래하는 사회적 비용들이 실제로 '무조건적인(unconditional) 현금 이전지급'의 사회적 비용보다 왜 훨씬 더 큰지에 대해 살펴보기로 한다.

5. 빈곤층들에게 제공되는 명시적 재분배에 대한 조건들

'재분배 수혜 조건(conditionality)'이 왜곡 발생의 원천이라는 생각은 또한 저소득 계층들에게 제공되는 '명시적 재분배'(explicit redistributions)의 경우에도 적용될 수 있다. 대부분의 명시적 이전지급(재분배)의 '수혜 조건'은 다음

3) 이점에 대해 일깨워 준 Stephen Baba에게 감사를 드린다.

과 같이 한 가지뿐이다. 즉, 빈곤층에게 제공되는 복지 혜택들에 대한 하나의 거의 보편적인 조건(nearly universal condition)은 "수혜자가 가난한 경우에만 복지 혜택을 받을 수 있다"는 것이다. 바꾸어 말하면, "수혜자가 부유하게 되면 더 이상 복지 혜택을 받을 수 없다"는 것이다. 이러한 조건 때문에 '명시적 이전지급(재분배)'은 동일한 크기의 '무조건적인 현금 이전지급'보다 더 큰 자중손실을 초래한다. 이러한 조건은 지극히 당연하고 올바르다고 할 수 있다. 그러나 이러한 조건 또한 약간의 자중손실을 초래한다는 점을 분명히 인식해야 한다. 만약 어떤 빈곤한 사람이 어떤 이유로 자신의 빈곤 상태를 어느 정도 개선하였다면 그는 이전지급 혜택의 일부를 상실하게 될 것이다. 이로 인해 그 빈곤한 사람은 더 이상 재분배를 받지 않을 만큼의 충분한 소득을 벌려고 하지 않을 것이다. 따라서 빈곤한 사람들의 소득획득 유인의 감소도 자중손실에 해당된다.

이러한 설명이 제시해 주듯이 본 논의의 요점은 '조건이 붙어 있지 않은 재분배'를 옹호하려는 것이 아니라, 개인이나 기업들이 재분배를 수혜받을 수 있는 '기준 또는 조건'이 바로 사회적 비용의 주요 원천이라는 점을 지적하려는 데 있다. 따라서 명시적 재분배와 암묵적 재분배 간의 명확한 구분과 함께 이러한 사실은 경제적 효율성과 경제성장을 완전히 이해하는 데 필수불가결하다.

6. 효율적 재분배 이론

이제 소위 '효율적 재분배'(efficient redistribution) 이론을 검토해 보고자 한다. 효율적 재분배 이론은 베커(Gary Becker), 위트만(Donald Wittman), 톰슨(Earl Thompson), 페이스(Roger Faith), 그리고 여타 연구자들의 연구에 의해 제시되었다.[4] 효율적 재분배 이론은 그 주창자들이 서로 다른 주장을 하고 있지만, 베커 교수의 주장에서 잘 나타나듯이 가장 기본적인 아이디어는 "소득 재분배로부터 손해를 보는 사람들이 그저 가만히 있지 않고 그들의 손실을 최소화하려는 유인을 가지고 있다"라는 점이다. 사회 내 어느 한 집단에 대한 재분배로 인해 다른 집단들에 대한 손실이 커진다면 이러한 재분배는 손실을 보는 집단들로부터 '저항'도 커질 것이다. 베커 교수가 강조하였듯이 만약 재분배로 인한 손실이 상당히 크다면 정치적 저항(political resistance)이 커져서 그러한 재분배는 거의 확실히 삭감될 것이다.

'재분배로부터 발생하는 자중손실'에 '재분배로부터 손해를 보는 사람들의 자중손실'이 더해짐으로써 재분배의 사회적 비용은 더욱 커지게 된다. 물론 이러한 자중손실들은 재분배의 수혜자들에게도 전혀 이롭지 않을 것이다. 따라서 재분배로 인해 이득을 보는 사람들(gainers)과 손해를 보는 사람들(losers) 모두 초과부담(자중손실)을 최소화하려는 유인을 가진다. 사실상 양 집단은 재분배로 인한 초과부담을 줄임으로써 공동 이익(joint gain)을 얻을 수 있으며, 공동 이익을 극대화할 때까지 상호 협상하려는 유인을 가진다. 다시 말하면, 양 집단은 사회적으로 자원의 효율적 배분을 달성할 때

4) Becker, Gary, "A Theory of Competition Among Pressure Groups for Political Influence," *Quarterly Journal of Economics*, August 1983, pp. 371~400; "Public Policies, Pressure Groups and Deadweight Costs," *Journal of Public Economics*, Vol. 28, 1985, pp. 329~347; Thompson, Earl and Roger Faith, "A Pure Theory of Strategic Behavior and Social Institutions," *American Economic Review*, Vol. 71, June 1981, pp. 366~380; Wittman, Donald, "Why Democracies Produce Efficient Results," *Journal of Political Economy*, Vol. 97, No. 6, December 1989, pp. 1395~1424; Gardner, Bruce, "Efficient Redistribution Through Commodity Markets," *American Journal of Agricultural Economics*, Vol. 65, May 1983, pp. 225~234.

까지 협상을 계속할 것이다.

반면에 위트만의 주장에 따르면 "사회적으로 가장 효율적인 상태에 이르지 못하는 것은 바로 협상 과정에 사용되는 시간과 여타 귀중한 자원들 – 이를 '거래비용'(transaction costs)이라 함 – 때문이다". 그러나 거래비용과 협상비용은 현실 세계에서 피할 수 없는 것이다. 거래 및 협상 과정에 필요한 시간 및 여타 자원 비용들은 다른 비용들만큼이나 의미가 있는 것이다. 생산활동에 드는 비용들과 마찬가지로 거래비용들도 파레토 효율적인(또는 사회 전체적으로 효율적인) 상태를 정의하는 데 반드시 고려되어야 하는 비용이다. 그러므로 효율적 재분배 이론을 주장하는 일부 사람들은 "다양한 재분배 정책들에도 불구하고 사회는 여전히 파레토 효율적이다"라고 결론을 내리고 있다.

따라서 효율적 재분배 이론이 예측하는 바에 따르면 "① 재분배로부터 발생하는 사회적 손실들은 비교적 작으며, ② 재분배는 대체로 '효율적 재분배'이다". 톰슨(E. Thompson), 페이스(R. Faith), 그리고 위트만(D. Wittman) 등과 같이 효율적 재분배 이론의 열렬한 주창자들은 "현재 세계는 더 이상 효율적일 수 없다", 즉 "현재 세계가 가장 최선이다"라고 주장하고 있다.

만약 효율적 재분배 이론이 옳다면 앞에서 제기한 두 번째 질문(즉, "스웨덴은 대규모 재분배에도 불구하고 왜 더 나빠지지 않는가?")에 대한 하나의 대답을 찾을 수 있을 것이다. 즉, 효율적 재분배 이론에 따르면 "현실 세계에서 이루어지는 모든 재분배가 효율적이며, 그 결과 재분배로 인한 사회적 비용들이 최소가 된다". 따라서 이러한 결과로부터 우리는 "스웨덴은 대규모 복지국가(재분배)로부터 큰 손실을 보지 않을 수도 있다"라고 유추할 수 있다.

7. 불완전한 해결책: 미완의 과제

효율적 재분배 이론은 중요한 문제를 풀 '씨앗들'을 가지고 있지만 불운하게도 이 이론은 대부분 잘못된 것이다. 따라서 효율적 재분배 이론은 우리의 두 번째 질문인 "스웨덴은 대규모 재분배에도 불구하고 왜 더 나빠지지 않는가?"에 대한 대답으로는 불충분하다. 이 질문에 대한 해답을 찾으려면 새로운 도구가 필요하다.

효율적 재분배 이론이 무엇이 잘못되어 있는지를 알아보려면 '새로운 개념적 분석틀'(new conceptual framework)이 필요하다. 새로운 개념적 분석틀을 구축하려면 본 장에서 개발된 명시적 재분배와 암묵적 재분배 간의 구분을 포함하여 여러 새로운 아이디어들이 필요하다.

새로운 개념적 분석틀은 다음 두 장에서 소개될 예정이다. 이러한 개념들의 일부는 새로운 것이며, 나머지 개념들은 본인의 『집단행동의 논리』(*The Logic of Collective Action*)[5]와 『국가의 흥망성쇠』(*The Rise and Decline of Nations*)[6]로부터 나온 것이다. 이를 위해 이미 상기 두 책을 읽은 독자들을 위해 반복을 최소화할 것이고, 또한 두 책을 읽지 않는 독자들에게도 이해가 충분히 이루어지도록 설명할 것이다. 이러한 분석틀이 완성되면 '효율적 재분배 이론'에서 무엇이 옳고, 무엇이 잘못되어 있는지를 분명히 알게 될 뿐만 아니라, 새로운 시각에서 스웨덴을 바라볼 수 있을 것이다.

5) Olson, M., *The Logic of Collective Action*, Cambridge, Mass.: Harvard University Press, 1965.
6) Olson, M., *The Rise and Decline of Nations*, New Haven: Yale University Press, 1982.

제 4 장

합리적(또는 이기적) 무지와 집단행동의 편향성

04

합리적(또는 이기적) 무지와 집단행동의 편향성

1. 재분배와 합리적 무지

'재분배의 사회적 비용'을 분석하려는 어떠한 시도도 '합리적 무지'(rational ignorance)라는 슬프고도 피할 수 없는 현실에 직면하지 않는다면 사회적 비용 문제의 본질을 제대로 파악(이해)할 수 없을 것이다. 다시 말하면, 재분배가 초래하는 사회적 비용을 제대로 분석하려면 '합리적 무지'(合理的 無知)라는 다소 냉엄한 현실을 직시해야만 한다. 도대체 재분배와 합리적 무지는 어떤 관련성이 있는가?

합리적 무지는 겉보기에는 서로 모순되는 단어[1]의 조합처럼 보이지만 사실은 결코 모순되는 단어의 조합이 아니다. 많은 경우에 일반 시민들은 자신의 사적 이익(즉, 사익(私益))만을 최대한 챙기기 위하여 '공적 문제들'(public affairs, 즉 공무(公務) 또는 공공 정책을 의미함)을 면밀히 조사하는 데 거의 또는 전혀 시간을 쓰지 않는다. 이로 인하여 일반 시민들은 국가 전체와 그

1) [역자주] 영어에서는 이를 'oxymoron' 또는 'contradiction in terms'라 부른다. 먼저, 'oxymoron'이란 '모순어법'을 의미한다. 예를 들면, '군중 속의 고독'(crowded solitude)이나 '잔인한 친절'(cruel kindness)과 같은 표현을 말한다. 이와 유사하게 'contradiction in terms'이란 '명사(名辭) 모순' 현상을 의미한다. 예를 들면, '두 변을 가진 삼각형'(a two-sided triangle)과 같은 표현을 말한다.

자신의 안녕 및 행복[2)]과 관련된 많은 중요한 문제들에 대해 무지하게(ignorant) 된다. 왜 일반 시민들은 국가와 자신들의 행복에 직결되어 있는 중요한 '공적 문제들'을 조사하고 검토하는 데 관심을 가지지 않거나 의도적으로 무지하게 되는가?

이러한 역설(paradox)은 우리가 보통(일반) 시민들이 국가가 직면한 중요한 '공공 정책'(public policy)과 관련한 여러 선택 대안(代案)들을 면밀히 조사하는 데 얼마의 시간을 투여할 것인지를 결정하는 상황을 검토해 봄으로써 더욱 명확해진다. 일반 시민들이 국가와 자신의 행복과 관련된 공적 문제들을 면밀히 조사하는 데 더 많은 시간을 쓸수록 자신의 투표가 '합리적 정책들'(rational policies)을 선택하는 데 던져질 가능성은 더욱 커질 것이다. 즉, 일반 시민들이 공적 문제들을 면밀히 조사하는 데 시간을 더 많이 쓰면 쓸수록 '합리적 정책들'을 선택할 가능성은 더욱 커질 것이다. 그러나 일반 시민들은 보다 더 효과적인 정책들(effective policies)과 지도력(leadership)으로부터 얻는 이익들 중에서 아주 작은 몫만 얻으려 한다. 예를 들어, 어느 한 사회에 총 100만 명의 시민들이 있다면 어떤 한 보통 시민은 공공 정책으로부터 얻는 총이득 중에서 단지 100만분의 1만큼(=0.000001)만 얻을 수 있을 것이다. 그렇지만 당해 보통 시민은 자신이 무슨 일에 종사하든 공공 정책에 대해 정통하는 데(더 나은 정보를 얻는 데) 모든 비용을 부담한다. 이와 같이 어떤 보통 시민은 공공 정책으로부터 얻는 이익은 아주 작지만, 공공 정책에 대해 면밀히 조사하는 데에는 큰 비용이 소요된다. 이 때문에 사람들은 '무임승차'하려는 동기를 가지게 된다. 따라서 각 시민은 국가가 자신들의 '공동 이익'(common interests)을 증진시키는 어떤 공공 정책을 결정하는 과정에서 '자

2) [역자주] 일반적으로 '안녕과 행복'을 경제학에서는 '후생(welfare) 또는 복지(wellbeing)'라 부른다.

신들이 어떻게 투표해야 할지' [3]에 관해 조사하는 데, 자신을 제외한 다른 모든 시민들이 더 많은 시간을 쓴다면 이는 자신에게 더 나을 것이라는 것을 알게 된다. 다시 말하면, 각 시민은 국가가 자신들의 '공동 이익'을 증진시키는 어떤 공공 정책을 결정하는 과정에서 자신을 제외한 다른 모든 시민들이 당해 공공 정책을 조사(연구)하는 데 더 많은 시간을 쓴다면, 각 시민의 개인 이익은 증가할 것이다. 이는 각 시민이 공공 정책을 조사하는 데 자신의 시간은 사용하지 않고 다른 사람들의 시간과 노력에 편승하려는 동기, 즉 '무임승차 동기'를 의미한다.

어느 한 투표자가 자신들에게 진정으로 이익을 가져다주는 공공 정책을 투표를 통해 결정하기 위하여 당해 공공 문제들(public issues)을 면밀히 조사함으로써 얻는 이익은 다음과 같이 결정된다. 즉, "어느 한 투표자가 공공 정책에 대한 투표행위로부터 얻는 이익"은 "'정당한' 선거 결과가 당해 개인에게 가져다주는 가치"(즉, 특정 선거 결과로부터 자신이 얻는 이익)에 "당해 개인의 투표 변화로 인해 선거 결과가 바뀔 확률"(즉, 자신의 한 표가 선거 결과를 뒤집을 가능성)을 곱함으로써 계산될 수 있다. 즉, 이는 다음과 같이 표시될 수 있다.

어느 한 투표자가 공공 정책에 대한 투표행위로부터 얻는 이익

= 특정 선거 결과로부터 자신이 얻는 이익 × 자신의 한 표가 선거 결과를 뒤집을 확률

한 명의 일반 투표자가 선거 결과를 바꿀 수 있는 확률은 아주 적기 때문에 당해 일반 시민(그가 의사 또는 택시 운전사이든)은 공공 문제에 대해 대개

3) [역자주] 공공 정책의 결정은 주로 '투표'에 의해 결정되기 때문이다.

합리적으로 무지하게(rationally ignorant)된다.[4]

이러한 주장은 1957년 다운스(Anthony Downs)의 고전적인 명저인 『민주주의의 경제적 이론』(*An Economic Theory of Democracy*)에서 제기되었다.[5] 최근에 '합리적 무지'의 실용적 중요성이 매우 중요하게 인식되게 되었다.

공적 문제들에 대한 정보가 때때로 매우 재미있거나 흥미진진하기 때문에 그 자체만으로도 관련 정보를 획득해 볼 만한 가치가 있을 것이다. 이와 유사하게 소수의 특별한 직업에 종사하는 사람들은 그들이 공공재(public goods)에 대한 특별한(또는 중요한) 정보를 얻는다면 이를 이용하여 '사적재'(private goods)에 있어서 커다란 보상이나 이익을 얻을 수 있다. 예를 들면, 정치인들, 로비스트들, 언론인들, 그리고 사회과학자들은 공적 업무들(public business, 즉 공공재)에 대한 중요한 정보로부터 더 많은 돈과 더 큰 권력, 또는 더 큰 위신을 획득할 수 있다. 때때로 '공공 정책'(즉, 공공재)에 대한 특별한(또는 중요한) 정보는 증권거래시장이나 다른 시장에서 엄청난 이익을 창출할 수 있다. 그러나 사실이 이러함에도 불구하고 일반 시민들은 자신의 소득과 인생에 있어서 성공 가능성이 공적 문제들에 대한 적극적인 검토나 조사에 의해 증가되거나 향상되지 않는다고 인식하고 있다. 이는 잘못된 인식이다. 물론 대부분의 사람들은 전적으로 이기적(self interested)이지만은 않으며, 간혹 이타적일 때도 있다. 사람들의 이러한 '이타적인 동기'(altruistic motives)는 많은 사람들로 하여금 공적 문제들에 대해 면밀히 조사하도록 유인하는 역할을 하기도 한다. 그럼에도 불구하고 여러 증거들에 따르면 '합리적 무지'는 확실히 예외가 아니라 일반적 규범(norm)과도 같다.

4) [역자주] 즉, 공공 문제에 대해 잘 모르는 게 자신에게 오히려 이득이 된다.

5) Downs, Anthony, *An Economic Theory of Democracy*, New York: Harper & Row, 1957(그러나 다운스는 '합리적 무지'를 정교하게 정의하지는 못했다).

공공재에 대한 각 시민의 '무지 탈피'(enlightenment, 계몽 또는 정보를 알게 됨)로부터 발생하는 혜택들은 당해 정보를 획득하는 데 비용을 지불하는 어떤 개인에게 집중되는 게 아니라 '일반적으로 집단이나 사회 내에서 분산되는(dispersed) 경향'이 있다.[6] 이러한 '공공재로부터 혜택이 분산되는 사실'은 또한 많은 다른 현상들을 설명하는 데에도 유용하다. 예를 들면, 이는 소위 뉴스감인 '사람이 개를 무는'(man bites dog) 사건을 설명하는 데 유용하다. 만약 오직 '공적 문제들'에 대한 가장 중요한 정보들을 얻기 위하여 텔레비전 뉴스를 보거나 신문을 읽는다면 공적으로 거의 중요하지 않은 기이한 사건들(예를 들면, 사람이 개를 무는 사건)은 종종 무시될 것이며, 수량적 중요성을 가지는 일반적인 패턴들만이 강조될 것이다. 그러나 뉴스가 주로 다른 형태의 오락이나 연예에 대한 하나의 대체물이기 때문에 흥미를 자아내는 기이한 사건들과 인간적 흥미를 유발하는 사건들이 뉴스에 자주 등장하곤 한다. 이와 유사하게 각종 언론들은 손에 땀을 쥐게 하는 방식으로 전개되는 사건들이나 유명 인사들(public figures)의 성추문 사건들은 앞장서서 보도하는 반면, '복잡한 경제 정책들'이나 '공적 문제'에 대한 수량적 분석들에 대해서는 최소한의 관심만 보이는 경향이 있다. 별로 하는 일도 없이 시민들의 세금만 축내는 공무원들도 사소하지만 뉴스 가치가 충분히 있는 기이한 실수로 인해 막강한 권력으로부터 몰락할 수도 있다. 대부분의 일반 대중들을 불쾌하게 하거나 화나게 하는 터무니없는 주장이나 격렬한 항의, 그리고 과격한 데모 등도 이와 같은 방식으로 설명될 수 있다. 왜냐하면 이러한 경우들은 사람들의 흥미를 끄는 뉴스거리가 되며, 그 결과 시민들

6) [역자주] 상식적으로 말하면, 공공재에 대한 중요한 정보를 알거나 획득하는 데 비용을 지불하는 어떤 개인에게 그 혜택이 집중되는 게(concentrated) 마땅하다.

로부터 많은 관심과 주의를 끌게 되거나 논쟁거리가 되기 때문이다. 만약 이러한 사건들이 일반 시민들의 흥미를 끌지 못했더라면 당연히 세간의 이목(耳目)들에서 멀어졌을 것이다. 심지어 일부 테러행위들도 이러한 관점에서 설명될 수 있다. 아무런 명분도 없고 분별이 없다고 비난받는 일부 테러행위들도 일반 대중들의 관심과 주의를 집중시키는 효과적인 수단이 될 수 있다. 언론이 테러행위들에 아무런 관심이 없었더라면 그러한 사건들은 자연히 시민들로부터 합리적으로 무지한(rationally ignorant) 상태에 남아 있었을 것이다. 따라서 이러한 경우들은 모두 '공공재로부터 얻는 혜택이 분산되는 현상'을 이용하여 설명할 수 있다.

이제 재분배와 합리적 무지 간에 어떤 관계가 있는지 알아보기로 하자. 부분적으로 '합리적 무지' 때문에 대부분의 민주주의 사회(국가)들에서 명시적인 재분배(explicit redistribution)보다 암묵적인 재분배(implicit redistribution)를 더욱 선호한다. 또한 이러한 암묵적인 재분배 정책들은 일반적으로 비효율적인(inefficient) 특징을 가지고 있다. '암묵적'이고 '비효율적'인 재분배 정책들의 만연은 '합리적 무지'에 바탕을 두고 있다. 그러나 보다 근본적으로 이러한 재분배 정책들은 '합리적 무지가 집단행동의 패턴(pattern)에 있어서 나타나는 편향성(bias)[7]과 상호작용'하기 때문에 발생한다. 따라서 합리적 무지와 집단행동의 편향성은 밀접한 관계가 있다. 이러한 관계가 암묵적이고 비효율적인 재분배 정책들을 발생시키고 만연시키는 주요한 요인이다. 집단행동의 어려움과 편향성에 대해서는 다음 절들에서 살펴보기로 하자.

7) [역자주] '집단행동 패턴의 편향성'이란 다음 절에서 살펴보겠지만 '소규모 집단과 대규모 집단의 경우 집단행동을 하는 데 있어서 나타나는 어려움의 차이'를 말한다. 즉, 소규모 집단은 집단행동을 하기가 비교적 쉽지만, 대규모 집단의 경우 집단행동을 하기가 매우 어렵다.

2. 집단행동의 어려움

일반 투표자들(또는 시민들)이 가지는 '합리적 무지'는 '집단행동의 일반 논리'(general logic)에 해당되는 한 예이다. 집단행동의 일반 논리는 ① 특수이익집단(special interests)의 이익을 증진시키는 '법률 제정'을 위해 정부를 상대로 로비활동을 하는 조직체(또는 단체)들에서나, ② 시장에서 '가격 인상'이나 '임금 인상'을 달성하기 위해 협력하는 조직체(또는 단체)들에서 쉽게 찾아볼 수 있다. 다른 예들로는 의사협회나 변호사협회와 같은 전문 직능단체들, 각종 노동조합들, 각 산업 내에서 결성된 기업들의 동업조합들, 각종 농민단체들, 과점적 공모단체들 등을 들 수 있다. 이러한 조직들은 어떻게 결성되고, 또 유지될 수 있는가?

이러한 각종 조직들의 존재 이유는 다음 경우에만 이해될 수 있다. 즉, 대규모 집단들이 집단행동을 하기가 얼마나 어려운지를 알면 이러한 조직들이 조직되어 존재하는 이유를 이해하기가 훨씬 쉬울 것이다. 실제로 소규모 집단들에 비해 대규모 집단들의 경우 집단행동을 하기가 매우 어렵다. 왜냐하면 집단행동으로부터 얻는 혜택들이 집단이나 부류 내에 있는 모든 사람들(회원들)에게 자동적으로 돌아가기 때문이다. 특정 기업조합(예를 들면, 수입업체들)이 정부로부터 특정 수입품에 대해 '관세를 부과'(이는 수입업체들에게 하나의 '공공재'에 해당함)하는 데 성공한다면, 당해 제품이나 상품을 판매하는 모든 기업들은 관세 부과액만큼 국내 가격을 인상시킬 수 있다. 이 과정에서 당해 기업조합에 소속된 기업들이 관세 부과를 달성(획득)하기 위하여 노력이나 기여를 했든 또는 하지 않았든 간에 관계없이 모든 기업들이 관세 부과로부터 '국내 가격 인상'이라는 혜택을 똑같이 얻을 수 있다. 이와 유사하게 일단(一團)의 노동자들이 몇몇 공장이나 탄광에서 '임금 인상'(이는 노동자들에게 하나의 '공공재'에 해당함)을 달성하기 위하여 파업을 벌인다면 이들과 관련된 공장이나 탄광에서 일하는 모든 노동자들이 '임금 인상'이라는 혜택을 똑같이 얻을 수 있다. 이 과정에서 노동자들이 노동조합비를 납부했거나 또는 파업의 성공을 위해 피켓라인(picket line)에 참가했든지의 여부와 관계없이 '임금 인상'의 혜택을 똑같이 얻을 수 있다. 이와 똑같은 논리가 공급량을 제한하기 위하여 상호 협력함으로써 '가격이나 임금을 인상'(이는 공급업체들에게 하나의 '공공재'에 해당함)하려는 기업들이나 노동자들에 대해서도 적용될 수 있다. 따라서 관세 부과, 가격 인상, 임금 인상 등은 모두 하나의 '공공재'(또는 집합재)와 같으며, 이로부터 얻는 혜택들은 모든 기업들이나 모든 노동자들에게 똑같이 돌아간다.

그런데 대규모 집단의 경우 왜 '집단행동'이 어려운가? 집단행동으로부터 얻는 혜택들(이를 '공공재' 또는 '집합재'라 함)이 어느 한 집단이나 부류 내에 있는 모든 사람들에게 똑같이 돌아가기 때문에 '대규모' 집단이나 부류에 속한 어느 한 개인은 '집단의 이익을 위하여' 어떠한 자발적 희생도 하지 않을 것이다(정확히 말하면, '자발적 희생'을 하는 것은 '합리적이지 않을 것이다'). 따라서 사회 내 '개별 시민'이나 대규모 집단 내 '개별 기업'은 자신은 어떠한 기여를 하지 않더라도 다른 사람들이 하는 행동의 결과로부터 공짜로 혜택을 얻을 수 있으며, 대규모 집단에 소속된 어느 한 개인이나 어느 한 기업은 혼자 힘으로는 당해 집단이 원했던 소기의 결과를 달성하지 못할 것이다. 이에 대한 정교한 논리와 실증적 증거들은 내가 쓴 『집단행동의 논리』(*The Logic of Collective Action*)에 자세히 설명되어 있다. 따라서 여기서는 지면 관계상 이 문제에 대해 더 이상 구체적으로 설명하지는 않기로 하겠다.

그러나 대규모 집단에 소속된 개인들은 '특별한 장치'(special arrangement)가 마련되지 않는 경우에 '가격 인상'이나 '임금 인상'(또는 가격 결정이나 임금 결정)을 위해 로비활동을 하기 위한 조직체나 단체에 자발적으로 시간과 돈을 쓰지 않을 것이다. 이는 어느 한 일반 시민이 앞에서 논의한 공적 문제들(public affairs)에 대해 합리적으로 무지하는(rationally ignorant) 이유와 똑같음을 알 수 있다. 대규모 집단에 소속된 어느 한 개인은 자신이 속한 집단의 이익을 위하여 자신이 하는 희생(또는 기여)으로부터 발생하는 대규모 이익들 중에서 아주 작은 몫만 가져가거나 챙길 수 있다. 여기서 각 개인이 하는 희생은, 예를 들면 로비집단이나 카르텔 조직에 납부하는 '조합비'의 형태를 띨 수 있고, 또는 어떤 정치적 결과가 자신들에게 최상인가에 대해 연구하는 것 등을 들 수 있다. 따라서 '공동 이익'을 가진 많은 대규모 집단들 – 예를 들면, 소비자들, 납세자들, 실업자들, 그리고 빈곤층들 – 은 집단행동을 위하여 조직화되기(또는 조직을 결성하기) 어렵다. 이는 (앞에서 살펴보았듯이) 대부분의 사람들이 공적 문제들에 대해 가장 모호한(희미한) 정보만을 가지고 있는 경우와 동일하다.

정부를 상대로 로비활동을 하거나 가격과 임금을 인상(또는 조작)하려는 대규모 조직들(또는 집단들)이 그럭저럭 유지되어 온 주요 이유는, 희생을 감수하는 회원들을 확보하는 데 필요한 '특별한 장치들'을 가지고 있었기 때문이다. 다시 말하면, 대규모 조직들은 집단의 공동 이익을 달성하기 위하여 '특별한 장치들'을 사용하여 희생을 감내하는 회원들을 모집 또는 유인해 왔다. 따라서 모든 대규모적이고 오래 지속되는 조직들이 집단행동을 하려면 소위 '선택적 유인'(selective incentives)이라는 특별한 장치가 필요하다.

그러한 장치들은 대부분의 대규모 집단들이 '회원제'(membership)를 운영하고 있는 이유를 설명하는 데 유용하다. 즉, 주로 대규모 조직들은 각 개인(회원)이 희생(기여 또는 비용부담)은 하지 않고 혜택만 얻으려는 무임승차 동기 때문에 집단행동이 불가능하거나 매우 어렵다. 그러나 대규모 집단들이 '선택적 유인'이라는 특별한 장치를 가지고 있다면 희생을 감수하는 회원들을 확보함으로써 비로소 집단행동이 가능해진다.

선택적 유인들은 개별화된(차별화된) 혜택들이나 처벌들을 의미한다. 이러한 개별화된 혜택들이나 처벌들은 기업들이나 사람들이 집단행동에 참가하거나 집단행동에 드는 비용을 지불하도록 유인하는 역할을 한다. 선택적 유인의 대표적인 예로 ① 클로즈드 숍(closed shop, 노동조합원만을 고용하는 사업장)과 ② 유니온 숍(union shop, 고용주가 비조합원을 고용하는 것이 가능하지만 일정 기간 내에 조합에 가입할 것을 요구하는 사업장)에 내재되어 있는 '강제성'(compulsion)과 ③ '강제적인' 피켓라인(picket line, 노동쟁의 때 출근 저지 투쟁을 위해 파업 노동자들이 늘어선 줄을 말함) 참가 등을 들 수 있다. 이러한 예는 단지 가장 분명한 형태의 선택적 유인들에 해당된다. 집단행동을 하기 위해 결성된 모든 대규모 조직들은 이와 유사한 장치들을 가지고 유지되어 왔다. 이러한 장치들은 보통 그 형태를 포착하기가 매우 어렵고, 종종 집단행동을 위해 결성된 조직에 기여하는 사람들에게 개별 혜택들[8]을 제공해 주지만, 집단행동에 기여하지 않은 사람들에게는 혜택을 제공해 주지 않는다.

집단행동으로부터 혜택을 얻는 수혜자들의 수가 '소수'일 때에는 선택적 유인이 없이도 집단행동을 달성하기 위하여 자발적이고 합리적인 행동이 존재할 수 있다. 비교적 잘 단결된 어느 한 산업부문 내에 소수의 대규모

8) [역자주] 이를 '개별화된 혜택'이라고 한다.

기업들이 존재하는 경우를 고려해 보자. 예를 들면, 어느 한 산업부문(예를 들면, 철강 산업) 내에 거의 동일한 크기를 가진 3개의 대규모 기업들이 있다고 가정해 보자. 이 경우 3개의 대기업들은 당해 산업을 위하여 정부로부터 특혜나 가격 인상을 획득하기 위해 벌인 집단행동으로부터 얻은 총혜택 가운데서 각각 약 1/3만큼을 가져가게 될 것이다. 각 기업이 얻는 이러한 1/3만큼의 혜택은 보통 당해 산업 전체의 이익을 위하여 상당한 강도의 집단행동을 하는 데 충분한 유인을 제공해 줄 것이다. 또한 어느 한 집단에 소속된 회원들의 수가 적을 때 집단행동의 각 참가자는 소규모 집단의 공동 이익을 달성하는 데 커다란 영향을 미칠 뿐만 아니라 또한 집단 내 다른 회원들이 집단행동에 기여할 가능성에도 영향을 미칠 것이다. 그 결과, 소규모 집단들은 종종 그들의 집단이익을 위해 행동하기로 '합의'(合意)할 때까지 어느 정도의 교섭 과정을 거칠 것이다. 이때 합의의 정도는 회원들이 집단행동에 대해 '완전' 합의하거나 아니면 '집단의 입장에서 최적'(group optimal)인 수준에서 합의가 이루어질 것이다. 소규모 집단들의 이러한 조직(또는 집단행동)상의 이점은 '재분배의 패턴'에 중요한 영향을 미칠 것이다. 이는 특히 몇몇 대기업들로 이루어진 소규모(즉, 회원 수가 적은) 집단들의 경우에 더욱 그러할 것이다. 실제로 이러한 현상은 대부분의 민주주의 사회에서 자주 나타나고 있는 현상이다(소규모 집단들의 이러한 조직상의 이점에 대해서는 아래에서 살펴볼 것이다).

집단행동이 실행하기 어렵고 문제가 많기 때문에 일반적으로 어느 한 집단이 집단행동의 어려움을 극복하는 데에 상당한 시간이 걸린다. 비록 당해 집단이 소수의 회원들을 보유하고 있거나 선택적 유인 장치들을 가지고 있을지라도 집단행동의 어려움을 극복하는 데에 상당한 시간이 소요될 것이다. 어느 한 소규모 집단이 집단 최적의 수준에서 조직을 결성하거나 결탁(結託)하는 데 필요한 교섭 과정(bargaining)에 보통 상당한 시간이 걸린다. 왜냐하면 소규모 집단 내 회원들이 완전한 협력을 위해 '만장일치의 동의'(unanimous consent)가 필요하기 때문이다. 반면에 '대규모' 집단들을 결성하고 조직화하는 일은 비교할 수 없을 정도로 더욱 어렵고 시간 소모적이다. 또한 대규모 집단들의 경우 비록 불가능하지는 않지만 선택적 유인들을 마련하기가 매우 어렵다. 선택적 유인들에는 '적극적 보상'(positive reward)과 '소극적 처벌'(negative punishment)이 있다. 만약 선택적 유인들이 집단행동에 참가하는 사람들에게 제공하는 '적극적 보상'이라면 어딘가에 얼마간의 잉여이윤(surplus profit)이나 잉여이익이 있어야만 한다. 이때 잉여이윤이나 잉여이익은 보상의 원천으로 사용된다. 이러한 잉여는 보통 다음 조건 하에서만 집단행동에 쓰여질 것이다. 즉, '잉여를 창출하는 활동'(예를 들면, 로비활동)과 '집단행동' 간에 분명한 상보성[9](相補性, complementarity) 관계가 있는 경우에만 그러한 잉여가 집단행동에 쓰여질 것이다. 예를 들면, 어떤 로비단체가 자신의 '선택적 유인'을 위해 자원을 제공해 주는 어느 기업에 대해 의회에서 '로비활동'을 통해 특혜 법률이 통과되도록 해주는 경우를 들 수 있다. 반면에 만약 선택적 유인이 집단행동에 드는 비용을 부담(공유)하지 않는 사람들에게 '소극적 처벌'(punishment)을 하는 것이라면 이러한 처벌은 조직적으로 이루어져야만 하고, 또한 처벌에 대한 저항 문제가 해결되어야 한다.

집단행동을 실현하는 데 필요한 계기와 시간을 미국의 강력한 노조 지도자였던 지미 호퍼(Jimmy Hoffa)의 사례를 통해 살펴보기로 하자. 지미 호퍼

9) [역자주] '상보성'이란 두 개의 성질이 서로 상보적인 관계에 있는 경우를 말한다.

가 젊었을 때 미시간(Michigan)에 있는 어느 대형 창고회사에서 일한 적이 있다. 6월의 어느 뜨거운 여름 날 대량의 딸기와 다른 신선한 농산물들이 냉장 보관을 위해 창고 앞마당에 도착하였다. 이들 상품은 상하기 전에 소비자들에게 도달하지 않으면 썩어서 아무런 상품가치가 없는 것들이었다. 이때 지미 호퍼와 그의 동료들은 그 순간을 이용하여 노동조합을 조직하고 파업을 단행하였다. 이에 창고회사의 경영진들은 신선한 농산물들을 상하지 않게 하려고 결국 지미 호퍼에게 굴복하게 되었다. 이렇게 하여 지미 호퍼는 마침내 미국의 강력한 노조 지도자가 되었다. 따라서 많은 집단들이 집단행동을 조직하는 데 필요한 유능한 지도자와 유리한 환경을 가지려면 어떤 때(계기)가 있어야만[10] 한다. 우리가 다음 절에서 살펴보겠지만 이러한 사실은 '경제성장'에 중요한 의미를 가질 것이다.

3. 집단행동의 불균등적인 편향성

집단행동은 어느 집단에서 자주 일어나는가? 만약 나의 '집단행동 이론'(Theory of Collective Action)이 옳다면 "집단행동이 일어날 수 있는 여지(가능성)는 ① 사회 내에서 비교적 안정되고(established) 부유한(prosperous) 집단들에서 가장 자주 일어나며, 반면에 ② 사회 내에서 가장 빈곤하고(poor) 가장 불안정한(insecure) 집단들에서는 거의 일어나지 않을 것이다". 이제까지 설명했듯이 집단행동은 대규모 집단들에서는 거의 발생하기 어렵고,[11] 소수의

10) [역자주] 즉, 어떤 결정적 계기가 있어야만 한다.
11) [역자주] 그러나 앞에서 설명했듯이 '대규모' 집단들의 경우 '선택적인 유인들'이나 '강제성'이 있을 때에는 집단행동이 발생할 수 있음을 보았다.

회원들을 가진 소규모 집단들에서는 덜 어려운(또는 상대적으로 쉬운) 경향이 있다. 이러한 경향은 비교적 잘 단결된 산업부문들 내에서 소수의 대기업들로만 구성된 소규모(즉, 회원 수가 적은) 집단들의 조직과 결탁을 선호하는 결과를 가져다준다. 다시 말하면, 그러한 경향 때문에 집단행동의 발생 가능성에 있어서 '편향성'(bias)이 존재한다.

또한 선택적 유인들이 사람들에게 불균등하게 제공된다. 즉, 각종 선택적 유인들은 장래의 신규 노동자들과 사회적 지위상 최하위층에 속하는 사람들보다 '내부자들'(insiders, 내부 회원들) -즉, 기존의 노동자들과 안정된 사람들- 에게 더 자주 제공되는 경향이 있다. 나는 『집단행동의 논리』에서 종종 전문 직업 계층들(예를 들면, 의사들)이 광범위한 선택적 유인들을 가지고 있음을 설명하였다.[12] 어느 기업에 소속되어 있는 기존의 노동자들은 이미 함께 일해 왔으며, 만약 그들이 사회적 네트워크(social network)를 형성할 만큼 오랫동안 함께 일해 왔다면 그들은 노동조합을 조직할(결성할) 좋은 기회를 가지고 있다. 반면에 '실업자들'은 사회적 상호작용을 통해 선택적 유인들을 가질 수 있도록 자연적으로 모이거나 단결되지 못한다. 다시 말하면, 실업자들이 선택적 유인을 가지려면 사회적 상호작용을 통해 모이거나 함께 일해야 하는데, 이들이 실업 상태에 있기 때문에 그러한 기회를 원천적으로 가지지 못한다. 보통 '가난한 사람들'과 사회적 지위상 '주변에 있는 사람들'(marginal parts, 한계선상에 있는 사람들)은 모두 원천적으로 선택적 유인에 접근이 불가능하다. 그러나 집단행동을 방해하는 것은 빈곤이나 불안정 그 자체가 아니다. 왜냐하면 빈곤하지도 않고 불안정하지도 않은데 집단행동이 일어나지 않는 집단들이 있기 때문이다. 예를 들면, '일반 소비자

12) Olson, M., *The Logic of Collective Action*, 1971, pp. 11, 132, 137~141, 146.

들'과 심지어 사치재의 소비자들도 조직화되지(또는 조직을 결성하지) 못하고 있다. 소비자들은 한편으로 소수 회원의 이점을 가지고 있지 못하며, 다른 한편으로는 많은 흩어진 장소들에서 구매행위들을 한다. 그 결과, 소비자들은 일부 노동자들이 이용할 수 있는 강제적 피켓라인과 사회적 상호작용과 같은 '선택적 유인들'을 가질 수 없다. 이와 같이 집단행동은 집단들 간에 서로 불균등하게 발생하는 특징을 가지고 있다. 나는 이를 '집단행동의 불균등적인 편향성'(inegalitarian bias)이라 부른다.

일부 사람들은 나의 다음 '가설'이 과연 현실에 잘 부합하는지에 대해 의아해 할 것이다. 즉, 나는 "사회 내에서 안정되고 경제적으로 부유한 집단들이 대개 집단행동의 어려움을 가장 잘 극복할 수 있다"라고 생각한다(올슨의 가설임). 이 가설이 과연 현실에 부합하는가? 우리는 이 가설을 다음과 같이 검증해 볼 수 있다. 즉, "상이한 집단들이 집단행동의 어려움을 극복하는 데 얼마의 시간이 걸리는가"를 검토해 봄으로써 이 가설을 검증해 볼 수 있다. 만약 '안정되고 부유한 집단들'이 실제로 '빈곤하고 불안정한 집단들'보다 더 쉽게 집단을 조직(결성)할 수 있다면 전자의 집단이 그러한 집단(즉, 집단행동의 어려움을 극복할 수 있는 집단)을 대표하게 될 것이다. 반면에 가장 빈곤하고 가장 불안정한 집단들은 집단행동은커녕 집단을 조직하지도 못할 것이다.

애덤 스미스(Adam Smith)가 1776년에 출판한 『국부론』(*Wealth of Nations*)은 집단행동을 위해 조직을 결성할 수 있는 주요 집단들에 대한 정보를 알려주는 하나의 멋진 원천이다. 『국부론』은 주로 '중상주의'(mercantilism)에 대해 신랄하게 공격하고 있다. 다시 말하면, 애덤 스미스는 『국부론』을 통해 주로 '상인들'(merchants)과 장인(匠人) 제조업자들(master manufacturers)의 연합된

행동으로부터 초래되는 '정부 정책들'과 '공모적인 가격들'(collusive prices)에 대해 비판을 가하고 있다. 애덤 스미스 시대와 그 이전에 상인들과 제조업자들은 종종 '길드'(guild, 동업조합) 형태로 조직을 결성하곤 하였다. 특히, 애덤 스미스는 상인들과 장인 제조업자들이 정부 정책에 영향을 미치거나 가격을 조작하기 위하여 얼마나 자주 공모 또는 결탁하는지를 강조하였다. 애덤 스미스는 "상인들과 장인 제조업자들은 가격을 조작하려는 공모 없이는 거의 모이지 않았다"라고 서술하고 있다. 또한 애덤 스미스는 "일반 노동자들, 가난한 사람들, 농업에 종사하는 사람들 등은 보통 조직화되지 않으며, 또한 비록 조직화되더라도 거의 영향을 미치지 못한다"라고 주장하였다. 애덤 스미스의 이러한 주장들과 다른 많은 증거들은 앞에서 내가 주장한 추론(가설)을 지지하고 있음을 알 수 있다. 즉, 많은 역사적 증거들에 따르면 "소규모 집단들 – 예를 들면, 특정 산업이나 도시에서 활동하고 있는 상인들이나 제조업자들 – 이 대규모 집단들보다 조직을 결성하기가 더 쉽다"[13]는 나의 가설을 지지하고 있다.

마지막으로 선택적 유인들도 집단들 간에 서로 차이가 있다. 대규모 집단들이 조직을 결성하는 데 필요한 선택적 유인들이 빈곤한 사람들과 불안정한 사람들보다 안정된 지위와 소득 수준이 더 높은 사람들에게 더 자주 제공된다. 여러 국가들에서의 역사적 증거에 따르면 '전문 직업 계층들'이 저소득 계층의 노동자들과 지위가 낮은 노동자들보다 오래 전에 조직을 결성하는 경향이 있음을 보여 주고 있다. 마찬가지로 '숙련(skilled) 노동자들'이 비숙련(unskilled) 노동자들보다 오래 전에 노동조합을 결성한 것으로 나

13) [역자주] 바꾸어 말하면, 많은 역사적 증거들은 "'대규모' 집단들이 소규모 집단들보다 조직을 결성하기가 더 어렵다"는 나의 가설을 지지하고 있다.

타나고 있다. 예를 들면, 영국에서 조직된 최초의 노동조합들은 숙련 노동자들이었다. 미국의 경우에서도 '조직 노동자'(organized labor) 운동이 전개된 전반기 100년 동안 노조화된 노동자들(unionized workers, 즉, 노동조합에 가입된 노동자들)은 '노동의 귀족들'(aristocracy of labor)이라고 불렸다. 심지어 비숙련 노동자들 사이에서도 조직을 결성한 사람들은 주로 이미 일자리들을 가지고 있는 사람들이었고, 실업자들이나 새로이 취업한 노동자들은 결코 조직을 결성하지 못했다. 또한 '남성들'이 여성들보다 더 자주 조직을 결성하는 경향이 있으며, 비교적 안정적인 인종 및 사회적 집단들에 소속된 개인들이 불리한 여건에 있는 집단들에 속한 개인들보다 더 자주 조직을 결성하였다. 그러나 이러한 편향성들 중에서 가장 중요한 사실은 "가장 가난한 사람들이나 실업자들이 조직을 결성한 사회는 세계 어디에서도 발견되지 않고 있다"는 점이다.

그러므로 역사적 경험과 사례는 다음 가설을 확실히 지지하고 있다. 즉, "집단행동을 할 수 있는 여력(가능성)은 소득 및 안정된 지위와 양(+)의 상관관계가 있다". 즉, 소득 수준이 높고 안정된 지위를 가지고 있는 사람들(집단)일수록 집단행동을 할 가능성이 더 높다. 따라서 우리는 '이러한 현실'과 '합리적 무지'가 어떻게 대규모 암묵적 재분배를 초래하는지 검토해 보아야만 한다. 앞에서도 언급했듯이 대부분의 이러한 재분배는 결코 효율적이지 못하다. 이에 대해서는 다음 장에서 살펴보기로 한다.

제 5 장

암묵적 재분배와 비효율적 재분배가 만연하는 이유

05

암묵적 재분배와 비효율적 재분배가 만연하는 이유

1. 특수이익집단의 재분배 추구: 분배집단

이제까지 우리는 다음 세 가지를 설명해 왔다. 첫째, 합리적 무지(rational ignorance)는 '개인의 합리성'(individual rationality)에 바탕을 둔 불가피한 현실이다. 그로 인해 집단행동(collective action)의 어려움이 발생한다. 둘째, 어떤 집단들은 궁극적으로 집단행동의 어려움을 극복할 수 있지만, 다른 집단들은 그 어려움을 극복할 수 없다. 셋째, 집단행동을 하기 위해 조직을 결성하여 보호하려는 이익은 바로 '부유하고, 내부적이고, 안정된 이익'이다.[1] 대부분의 사람들이 '합리적으로 무지하게' 행동하는 사회에서 부유하고 안정된 이익을 대표하는 집단(조직)들은 어떠한 유인을 가지는가?

그 대답은 부분적으로 그러한 집단들이 사회 전체의 이익을 얼마나 고려하는지에 달려 있다. 집단의 구성원들 역시 자신보다 더 큰 사회에 속한 시민들이기 때문에 사회 전체의 이익을 고려하게 된다. 본 논의는 저자가 쓴 『국가의 흥망성쇠』(*The Rise and Decline of Nations*)에 바탕을 두고 있다. 다음과 같은 특징을 갖는 하나의 집단(단체)을 고려해 보자. 이 집단은 비록 규모

1) [역자주] 이를 원문에서는 "nonpoor, insider and establishment interests" 라고 표현하고 있다.

가 크고 회원 수가 많지만, 국가 전체나 사회 전체에 비하면 '작은 부분'에 불과하다. 단순한 계산을 위하여 이 집단이 어느 한 국가의 총소득 산출력의 1%를 대표한다고 가정해 보자. 예를 들면, 어느 한 노동조합(labor union)의 구성원들이 받는 임금이 총국민소득의 1%를 차지한다고 가정해 보자. 또는 기업들로 구성된 어느 한 동업조합(trade association)이 총국민소득의 1%를 획득한다고 가정해 보자. 이러한 집단들은 총국민소득에서 차지하는 비중이 매우 작음을 알 수 있다.

이러한 유형의 소규모 집단들은 스웨덴의 경우에는 그렇게 중요하지 않다. 왜냐하면 스웨덴에는 LO(노동조합총연맹)와 경영자연합회(Employers' Federation)와 같이 소위 대규모 '포괄적'(encompassing, 망라(網羅)) 집단들이 있기 때문이다. 포괄적 집단들은 스웨덴 GDP 중에서 큰 비중을 획득하는 구성원들을 대표하고 있으며, 그 결과 사회에서 커다란 이해관계를 가지고 있다. 스웨덴의 이러한 포괄적(대규모) 조직들의 특징에 관해서는 나중에 논의할 예정이다. 그러나 어느 한 국가의 소득 산출력에서 아주 작은 비중을 차지하는 '소규모'(narrow) 집단들에 관한 분석은 스웨덴에서도 중요하다. 소규모 집단들에 대한 분석이 중요한 이유는 부분적으로 이러한 소규모 집단들의 행동 논리가 스웨덴에서도 어느 정도 적용될 수 있기 때문이다.[2] 또한 이러한 소규모 집단들은 대부분의 다른 국가들에서 경제적 성과에 결정적인 영향을 미치기 때문이다.

논리적으로 다음과 같은 '가능성'이 존재한다. 즉, 조직화된 집단들(organized interests)이 자신의 회원들이 속해 있는 사회를 더 효율적이고, 더 부

2) 소규모 집단들의 행동 논리가 중요한 이유들에 관해서는 다음 논문에 잘 설명되어 있다. Olson, M., "Appreciation of the Tests and Criticisms," *Scandinavian Political Studies*, Spring 1986.

유하도록 만들기 위하여 자신들이 가진 역량을 기꺼이 사용하고자 할 것이다. 일반적으로 부유한(풍요로운) 사회의 일원이 되는 것이 빈곤한 사회의 일원이 되는 것보다 더 나을 것이다. 따라서 집단들은 자신이 속해 있는 '사회'를 위해 집단행동을 하려 할 것이다. 예를 들면, 어떤 로비집단이 자신의 회원들이 살면서 일하고 있는 사회를 더 생산적이고, 더 번창하게 만드는 법안을 채택하기 위하여 로비활동을 하는 경우를 가정해 보자. 이러한 생각은 논리적으로 충분히 가능하다. 그러면 사회의 1%만을 대표하는 집단(즉, 소규모 집단)이 과연 사회를 위해 집단행동을 시도할 것인가?

사회의 1%를 대표하는 어느 한 집단은 평균적으로 자신이 속한 사회가 더 생산적이 됨으로써 발생하는 혜택(이익)의 1%만 얻을 수 있을 것이다. 만약 당해 집단(즉, 사회의 1%를 대표하는 집단)이 '더 효율적인 공공 정책'을 위하여 로비활동을 한 덕분에 어느 한 국가(즉, 자신이 속한 사회)의 국민소득이 증가한다면, 그 집단의 회원들은 평균적으로 국민소득 증가의 1%를 얻을 수 있을 것이다. 그러나 당해 집단의 회원들은 자국 경제의 효율성을 증진시키기 위하여 로비활동을 하는 데 드는 '모든 비용'을 부담해야 할 것이다. 만약 당해 집단의 회원들이 자신의 로비활동으로부터 발생하는 이익 중에서 1%를 가져가고 로비활동에 드는 모든 비용을 부담한다면, 자신이 속한 '사회'를 더 효율적이고 더 부유하도록 만들려는 당해 집단의 노력은 다음 조건 하에서만 수지가 맞을(보람이 있을) 것이다. 즉, 당해 집단의 로비활동(또는 집단행동)으로 사회 전체가 얻는 이익이 로비활동에 드는 비용을 100배 또는 그 이상 초과하는 경우에만 자신의 로비활동(집단행동)은 보상받을 수 있다. 다시 말하면, 비용 · 편익 비율(cost-benefit ratio: B/C)이 0.01/1(즉, 1/100)보다 더 크다면 당해 집단은 자신이 속해 있는 '사회'가 더 효율적이고 더 부

〈사회의 1%를 대표하는 어떤 집단이 로비활동(집단행동)에 참가할 조건〉

(i) 당해 집단은 사회 전체가 얻는 이익 중에서 1%의 이익만 얻음.
(ii) 로비활동에 드는 모든 비용은 당해 집단이 부담함.

당해 집단의 로비활동(집단행동)으로 사회 전체가 얻는 이익	당해 집단이 얻는 이익 비중(b)	당해 집단이 로비활동을 하는 데 드는 총비용	당해 집단이 집단행동에 참가할 조건
B	b=0.01B (=사회 전체가 얻는 이익의 1%)	C	0.01B×100≥C

주: 역자가 만든 표임.

유하도록 하기 위하여 집단행동에 참가하며, 그 결과 당해 집단의 회원들에게 이익을 가져다줄 것이다.

그러면 사회의 아주 작은 부분의 이익만을 대표하는 어느 한 '특수이익집단'(special-interest group)은 어떻게 자신의 회원들에게 이익을 가져다주는가? 만약 당해 특수이익집단이 어느 사회가 생산해 내는 파이(소득) 중에서 더 큰 부분을 획득할 수 있다면 당해 특수이익집단의 '회원들'은 더 큰 몫을 얻게 될 것이다. 좀더 구체적으로 말하면, 만약 어느 한 국가(사회)에서 생산되는 국민총생산 또는 국민소득 중에서 더 큰 비중이 어느 한 특수이익집단에게 재분배된다면 당해 특수이익집단의 '회원들'은 국민소득 중 더 큰 몫을 얻게 될 것이다. 따라서 국가나 사회가 창출하는 소득(국민총생산이나 국민소득)이 클수록 특수이익집단의 '회원들'에게 더 큰 이익이 돌아갈 것이다.

이제 독자들은 다음 질문을 제기할 수 있다. 로비활동이 항상 경제를 더 효율적이고 더 부유하게 만드는가? 다시 말하면, 정부로부터 혜택을 얻기 위한 로비활동이 어떤 국가의 경제를 비효율적이고 비생산적으로 만들

지나 않는가? 예를 들면, 정부로부터 또는 시장에서의 공모를 통해 독점가격이나 독점임금을 획득하기 위한 로비활동이 자국의 경제를 오히려 비효율적이고 비생산적으로 만들지나 않는가? 또는 특수이익집단의 국민소득 획득 경쟁과 그로 인한 비효율성[3]에 의해 국민소득이 감소함으로써 자신의 회원들의 이익이 감소하지나 않는가? 이 두 가지 질문들에 대한 대답은 대부분의 경우 "그렇다"이다. 즉, 특수이익집단의 로비활동은 자신이 속해 있는 경제 및 사회를 비효율적이고 비생산적으로 만들며, 또한 비효율성으로 인한 국민소득의 감소로 인해 회원들의 이익이 감소하게 된다. 우선, 시장에서의 독점 또는 카르텔 결성(cartelization)은 대개 사회의 효율성과 번영을 떨어뜨릴 것이다. 시장에서의 공모 또는 카르텔은 더 적게 생산 및 판매하고, 더 높은 가격을 부과하기 때문에 당해 사회는 보통 '비효율적'이 될 것이다. 또한 특수이익집단의 로비활동은 사회 내 희소한 생산 자원들을 혜택이 편중되는 특정 부문으로[4] 이동시키는 유인을 제공한다. 생산 자원의 이러한 이동은 '자원의 국민소득에 대한 기여'(즉, 사회적 한계생산, 또는 생산 자원의 증가에 따른 국민소득의 증가)가 특혜를 받는 부문과 (특혜를 받지 않는) 다른 부문 간에 같아질 때까지 계속될 것이다. 바꾸어 말하면, 특혜를 받는 부문에서의 자원의 사회적 한계생산이 다른 부문에서의 자원의 사회적 한계생산보다 더 큰 한 생산 자원들은 전자의 부문으로 계속 이동할 것이다. 그 결과, 당해 경제의 효율성은 감소할 것이다. 따라서 국민소득 중에서 더 큰 비중을 획득하기 위한 시장에서의 '카르텔화'와 이익집단의 '로비활동'은 모두 대부분의 경우 당해 사회를 비효율적이고 비생산적으로 만들

3) [역자주] 특수이익집단들이 국민소득의 더 큰 몫을 차지(포획)하기 위하여 경쟁함으로써 사회적으로 자원의 낭비와 비효율성이 발생한다.
4) [역자주] 특수이익집단의 로비활동에 의해 채택된 입법의 결과로 혜택이 편중되는 분야를 말한다.

것이다.

그러나 현재 우리가 고려하고 있는 특수이익집단은 '사회의 1%만 대표한다'고 가정하였다. 따라서 특수이익집단의 회원들은 로비활동으로 인한 비효율성으로 인해 초래되는 국민소득이나 국민총생산의 손실 가운데 '1%만' 입게 될 것이다. 그러나 특수이익집단의 회원들은 로비활동으로 자신들에게 재분배되는 금액의 '전부'를 얻게 될 것이다. 따라서 자신의 회원들에게만 소득을 재분배하려고 하는 우리의 가상적인 특수이익집단(사회의 1%만 대표한다고 가정함)은 비용과 편익 면에서 수지가 맞을 것이다.[5] 비록 이러한 재분배가 국민소득을 최고 100×재분배액만큼 감소시킬지라도 당해 특수이익집단은 수지가 맞을 것이다. 그러므로 어떤 경제(사회) 내에서 소득 산출력의 매우 작은 비중을 대표하는 집단들(즉, 소규모 특수이익집단들)은 사실상 '분배집단들'[6](distributional coalitions, 생산(소득창출)보다는 분배만을 노리는 소규모 집단들)이다. 여기서 '분배집단들'이란 사회를 위해 무엇을 생산하지 않고 사회가 산출해 놓은 소득을 자신들에게 더 많이 재분배되도록 애쓰는 집단을 말한다.

2. 분배집단들은 과연 무조건적인 현금 이전지급을 선호할 것인가?

제3장에서 우리는 '무조건적인 현금 이전지급'(unconditional cash transfer)이 '조건부 보조금'(conditional subsidies)보다 사회적 비용(또는 자중손실)이 더 적다

5) [역자주] 즉, 당해 특수이익집단은 손실보다 이익이 더 커서 로비활동(또는 집단행동)에 기꺼이 참가하려고 할 것이다.
6) [역자주] 분배집단의 반대 개념으로 '생산집단'(또는 '소득창출집단')을 들 수 있다.

고 설명하였다. 왜냐하면 조건부 보조금의 경우, 보조금을 받기 위하여 일부 제품을 계속 생산해야만 하거나 당해 제품의 가격을 인상해야만 하는 것처럼 보조금 수령 '조건들'은 자원의 배분을 왜곡시키기 때문이다. 반면에 무조건적인 현금 이전지급을 받는 사람들은 자신이 보유한 자원들을 여전히 가장 생산적인 부문에 사용(배분)하려 할 것이다. 그 결과, 무조건적인 현금 이전지급은 사회적으로 어떠한 자중손실(또는 사회적 비용)도 발생시키지 않는다. 그러나 만약 분배집단에 소속된 회원들이 무조건적인 현금 이전지급을 받지 못한다면 당해 집단의 회원들은 사회가 산출한 소득 중에서 일부분만(종종 아주 작은 부분만)을 얻게 될 것이다.

베커(Gary Becker) 교수가 강조했듯이 "어느 한 사회 내에서 재분배 혜택을 받지 못하는 사람들이 재분배로부터 입는 손실이 클수록 재분배에 대한 정치적 저항(반대)은 더 클 것이다". 무조건적인 현금 이전지급은 분명히 수령자들에게 '조건이 붙어 있는 동일 크기의 재분배'보다 더 가치가 있을 것이다. 만약 무조건적인 현금 이전지급이 (이를 받지 못하는) 다른 사람들에게 더 적은 손해(사회적 비용)를 줄 뿐만 아니라 더 적은 정치적 저항을 가져다준다면 분배집단들은 항상 '무조건적인 현금 이전지급'을 요구(선호)할 것이라고 결론지을 수 있다. 이것이 과연 사실일까?

그러나 분배집단들은 무조건적인 현금 이전지급을 선호하지 않는다. 사실상 분배집단들이 추구하는 재분배는 거의 무조건적인 현금 이전지급이 아니다. 분배집단들이 추구하는 재분배는 일반적으로 보호관세(protective tariffs)나 수입수량할당(quota), 독점가격이나 독점임금, 가격지지(price supports), 경쟁과 진입을 제한하는 각종 규제 정책들, 특정 산업이나 지역 및 직업에 종사하는 사람들을 위한 보조금, 또는 특정 생산요소(투입물)를 사용하는 사람들을 위한 보조금 등이다. 예를 들면, 의사들에게는 비록 그들이 의료행위를 하지 않을지라도 현금 보조금이 지급되지 않는다. 또한 노동조합에 가입된 노동자들에게는 비록 그들이 퇴직하거나 기업가로 변신하더라도 정부 수표가 지급되지 않는다.

일반적으로 조직화된 집단들(organized interests)이 추구하는 재분배들은 거의 정부 예산으로부터 직접적으로 오지 않는다. 보호나 독점으로부터 이익을 얻는 사람들은 자신들이 누리는 관세나 독점권들이 정부가 발행한 수표로 대체되기를 원하지 않는다. 정부로부터의 공개적인 보조금들(open subsidies)이 재분배의 유일한 수단인 경우 그러한 보조금들은 거의 항상 특정 산업이나 활동에 계속 종사해야만 하는 '조건'이 붙어 있다. 예를 들면, 손실을 보는(또는 경쟁력을 상실한) 산업들에게 지급되는 보조금은 당해 산업에 계속 남아 있는 기업들이나 노동자들에게만 지급된다. 또한 농업 보조금은 계속해서 농업에 종사하는 사람들에게만 지급된다. 마지막으로, 엄청난 적자를 보는 국영 항공회사들에 대한 보조금은 적자에도 불구하고 항공산업에 계속 종사하는 항공회사들에게만 지급된다. 이와 같이 조직화된 집단들이 추구하는 재분배 수단들은 '수혜 조건이 붙어 있다'는 특징이 있다.

무조건적인 현금 이전지급이 사회적 비용(즉, 자중손실)이 가장 적은 재분배 수단이지만 조직화된 집단들은 왜 재분배 수단으로서 무조건적인 현금 이전지급을 선호하지 않는가? 조직화된 집단들이 추구하는 재분배 수단들이 거의 무조건적인 현금 이전지급이 아닌지를 알아보려면 앞에서 설명한 '집단행동의 편향성(bias)'으로 되돌아가야 한다. 우리는 앞에서 집단행동의 논리(logic)로부터 로비활동(lobbying), 공모(collusion), 카르텔 결성(cartelization) 등을 하기 위해 조직을 결성하는 집단들은 바로, ① 소수의 회원들(small numbers)을 가지고 있는 집단들(예를 들면, 응집력을 가지고 보호를 받는 제조업부문에서 활동하는 대기업들)이나, ② 선택적 유인(selective incentives)을 제공하는 집단들(예를 들면, 전문직에 종사하는 사람들)이라는 사실을 알게 되었다. 비록 오랫동안 안정적인 사회에서 평균 이하의 소득을 가진 일부 집단들이 집단행동을 하기 위해 조직을 결성하지만, 집단행동의 일반적인 패턴은 '더 부유하고, 더 안정적인 집단들'이다. 즉, 사회 내에서 더 부유하고, 더 안정적인 집단들이 집단행동을 하기 위해 조직을 결성하는 경향이 강하다. 반면에 실업자들이나 가난한 사람들은 집단행동을 하기 위해 조직을 결성하는 경향이 거의 없다.

부유한(또는 결코 가난하지 않은) 사람들로 구성된 집단들은 대개 투표자들의 평등주의적인 도덕 감정(moral sentiment)에 호소함으로써는 결코 재분배를 얻을 수 없다. 물론 일반 투표자들은 자신들보다 더 부유한 사람들에게 소득을 이전함으로써 자신의 생활 수준(또는 소득)이 더 낮아지는 것을 원하지 않을 것이다. 따라서 대부분의 조직화된 집단들은 평등의식을 근거로 명시적인 재분배(explicit redistribution)가 필요하다는 것을 시민들에게 호소함으로써는 자신들의 이익을 증진시킬 수 없다. 또한 소규모(narrow) 분배집단들은 소수의 투표자들을 대표하기 때문에 명시적인 재분배를 통과시키는 데 필요한 충분한 표(票)를 가지고 있지 못하다.

그러면 조직화된 집단들은 과연 어떻게 재분배를 획득할 수 있는가? 즉, 조직화된 집단들이 ① 평등주의적인 근거로는 명시적인 재분배를 받을 수 없고, 또한 ② 재분배로부터 손해를 보는 다수자들을 투표를 통해 이길 수 없는 경우, 이들은 과연 어떻게 재분배를 획득할 수 있는가?

3. 합리적 무지와 암묵적 재분배: 시민들의 합리적 무지는 암묵적 재분배를 가능하게 한다!

분배집단들은 보통 투표자들(또는 시민들)의 '합리적 무지'를 교묘히 이용함으로써 재분배를 획득할 수 있다. 다시 말하면, 시민들의 합리적 무지는 암묵적 재분배를 가능하게 한다. 대체로 시민들의 합리적 무지 때문에 조직화된 집단들의 로비활동과 특수이익집단에 의한 압력은 자주 성공을 거두며, 또한 카르텔 결성과 공모도 일반적으로 묵인된다. 만약 투표자들이 완전한 정보를 가지고 있다면 그들은 조직화된 집단들에 의한 '선전이나 광고'에 의해 동요되지 않을 것이며, 또한 투표자들의 이익이 아닌 다른 집단들의 이익에 봉사하는 의원들을 다음 선거에서 낙마(교체)시킬 것이다. 또한 시민들이 제품에 대한 완전한 정보를 가지고 있다면 그들은 기업들이 '카르텔 결성'을 통해 가격과 임금을 인상시키는 것을 용인하지 않을 것이다. 실제로 평균적인 어떤 시민의 지식과 정보는 매우 제한되어 있다. 예를 들면, 미국의 서베이(survey) 자료에 따르면 미국 투표자들의 약 절반이 하원의원들의 이름조차 모르고 있고, 또한 선거 기부금을 모집하는 과정에서 조직화된 집단들에게 무슨 도움을 주었는지에 대해서도 거의 모르고 있다. 특히, 홍보나 선전활동, 광고활동, 정치적 세뇌 등은 시민들의 여론을 형성하는 데 커다란 역할을 수행한다.

실제 세계에서 조직화된 집단들은 다음 경우가 성립하는 한 투표자들을 설득하여 자신들에 대한 '암묵적 재분배'를 수락하도록 유인할 수 있는 많은 기회들을 가지고 있다. 즉, ① 합리적으로 무지한 투표자들에게 "암묵적 재분배가 사회 전체에 이익이 된다"고 설득할 수 있거나, ② 암묵적 재분배가 크게 두드러지지 않거나(inconspicuous) 간접적(indirect)이어서 대다수의 투표자들이 그로 인한 재분배를 거의 인식조차 할 수 없는 경우에 조직화된 집단들은 투표자들을 설득하여 자신들에 대한 암묵적 재분배를 획득할 수 있다. 어떤 정책이 신문 광고나 30초짜리 TV 광고를 통해 실제보다 다른 수혜자들에게 영향을 미치도록 입안(수립)된다면 이 정책은 성공할 수 있을 것이다. 어떤 정책과 관련된 자세한 연구 결과가 "당해 정책이 대부분의 투표자들의 이익에 위배된다"는 점을 보여 주더라도 이는 크게 중요하지 않다. 왜냐하면 일반 투표자가 그러한 연구를 수행하는 것은 자신에게 이익이 되지 않기 때문이다. 또한 당해 정책과 관련하여 전문가들이 수행한 연구 결과는 그 결과를 선전하는 데 필요한 충분한 자금이 없는 한 정치적 영향을 거의 미치지 못할 것이다. 그러한 자금은 두 개의 또는 그 이상의 조직화된 집단들이 상반되는 이익을 가지고 있을 때에 비로소 조달 가능하다. 그러나 집단행동의 어려움 때문에 많은 조직화된 집단들은 서로 대항하지 않을 것이다.

이제 본 논의로부터 다음 행동을 예상할 수 있다. 우선, 제조업에 종사하는 기업들은 수입 금지를 위한 보호 조치나 투자 유인을 요구하거나, 국가경제를 보호하거나 강하게 하는 각종 조세혜택들을 요구한다. 또한 이들 기업들은 공모를 통해 자신들이 판매하는 제품 가격을 슬그머니 인상시킨다. 둘째, 의사들은 '무자격'(의사협회에 가입하지 않은) 신임 의사들을 배제하거나 의사들 간의 경쟁적인(비윤리적인) 의료행위를 방지하고자 한다. 셋째, 변호사들은 시민들이 소송을 제기하고 법정에서 공정한 재판을 받을 수 있는 권리 확대를 위해 노력한다. 넷째, 대규모 농업에 종사하는 농민들은 자국이 해외 식량 공급에 의존해서는 안 된다고 주장하며, 이를 위해 관세나 수입쿼터를 요구한다. 또한 이들은 가난한 농민들은 가격지지 정책이 없다면 인간답게 살 수 없다고 주장한다(그러나 사실상 농산물 가격 인상의 혜택은 가난한 농민들이 아니라 대부분의 농산품을 생산하는 대규모 농민들에게 주로 돌아간다). 다섯째, 어느 한 산업에서 오랫동안 일해 온 숙련 노동자들은 전체 노동자 계급의 이름으로 말하지만 사실은 독점력이나 카르텔력(力)을 사용하여 실직된 노동자들을 고용하는 데 지급하는 임금보다 더 높은 임금을 받는다. 이와 같이 사실상 모든 조직화된 집단들은 시민(대중)들에게 "사회 전체에 이익이 된다"고 설득할 수 있는 어떤 특혜들을 추구한다. 다시 말하면, 모든 조직화된 집단들은 시민(대중)들이 '사회 전체에 이익이 된다'고 믿도록 하는 각자의 특혜들을 추구한다. 간단한 예를 들면, 대규모로 농사를 짓는 농민들(조직화된 집단)은 "국민들에게 자국민의 식량 공급을 외국에 의존해서는 안 된다"는 논리(시민들의 설득 논리)로 식량 수입에 '관세부과나 수입쿼터'(특혜)를 요구한다. 또 다른 예를 들면, 대학교수들은 '학문적 자유가 사회에 미치는 가치'(설득 논리)를 강조하면서 종신 재직권(특권)을 요구한다.

4. 합리적 무지, 암묵적 재분배 그리고 비효율적 재분배: 합리적 무지로 인한 암묵적 재분배들은 대개 비효율적인 재분배이다!

이제까지 설명했듯이 다음 두 가지 특성을 가지는 '암묵적' 재분배들은 확실히 정부로부터 무조건부 수표(무조건적인 현금 이전지급)를 받을 수 없다. 즉, ① 사회 전체의 이익에 부합(기여)하는 것처럼 보이는 재분배들이나,

② 크게 두드러지지 않거나 간접적이어서 대부분의 투표자들이 인식하지 못하는 재분배들은 '암묵적 재분배'로서 정부로부터 무조건적인 현금 이전 지급을 받을 수 없다. 무조건적인 현금 보조금(unconditional cash subsidy)의 경우, ① '누가 이익을 얻는지'가 분명하고(즉, 사회 전체에 이익이 되지 않음), 또한 ② 그러한 '직접적인' 보조금(즉, 두드러지지 않거나 간접적인 보조금이 아님)으로 인해 정부와 납세자들이 부담하는 비용들이 직접적으로 드러나고, 또 쉽게 눈에 띄기 때문이다. 그러면 암묵적 재분배가 사회 전체의 이익에 어떻게 부합(기여)하는가? 사회 전체의 이익에 부합(기여)하기 위하여 암묵적 재분배는 합리적으로 무지한 투표자들이 '국가 또는 사회 전체에 이익이 된다'고 믿게 하는 어떤 유형의 생산 또는 활동을 촉진시켜야만(교묘히 사용해야만) 한다. 공교롭게도 "만약 암묵적 재분배(예, 철강 제품에 대한 관세 부과)가 어떤 산업(예, 철강 산업)을 촉진시킨다면 이를 획득하기 더 쉽다"는 바로 그 사실은 보통 암묵적 재분배의 사회적 비용(자중손실)을 증가시킨다. 그러한 암묵적 재분배는 보통 어떤 산업이나 활동을 사회적으로 효율적인(socially efficient) 수준 이상으로 확대시키며, 그 결과 사회 전체에 대해 (재분배 자체가 초래하는 비용 이외에) 추가적인 비용(즉, 자중손실)을 부과한다. 또한 '눈에 띄지 않는 재분배'(암묵적 재분배)는 종종 '눈에 띄는 재분배'(명시적 재분배)보다 사회에 더 큰 비용을 초래한다. 왜냐하면 눈에 띄지 않는 비용이 최소화하기 더 어렵기 때문이다.

암묵적 재분배의 주요 수단들로 다음을 들 수 있다. 첫째, 관세와 수입쿼터는 암묵적 재분배의 가장 유효적절한 수단이다. 관세와 수입쿼터가 특정 국내 산업을 보호할 뿐만 아니라 경제 전체를 보호하거나 강하게 한다는 것을 투표자들에게 설득하기가 상대적으로 더 쉽기 때문이다. 그러나 합리적으로 무지한 투표자(시민)들은 어느 한 산업에 대한 보호가 경쟁관계에 있으면서 보호받지 못하는 다른 산업들에게 가져다주는 '암묵적 피해'에 대해 깊이 생각해 볼 하등의 이유가 없다. 게다가 합리적으로 무지한 투표자(시민)들은 자국 통화에 대한 외국 환율이 인상되는 경우에 수출이 받는 타격에 대해 생각해 볼 아무런 이유가 없다. 또한 관세와 수입쿼터가 초래하는 자중손실들(deadweight losses)에 대한 여러 어려운 문헌들을 완전히 이해해야 할 이유도 없을 것이다.

둘째, 경쟁과 진입을 제한하는 각종 규제들도 암묵적 재분배의 주요 수단이다. 합리적으로 무지한 투표자들은 일반적으로 규제가 '규제를 받는 기업들'보다 소비자들이나 일반 대중들에게 더 유리하다고 당연시하고 있다. 또 합리적으로 무지한 시민들은 규제를 받는 기업들이 규제 과정에 영향을 미치기 위하여 집단행동을 조직하지만, 소비자들과 일반 대중들은 왜 집단행동을 조직하지 못하는지를 조사해 볼 하등의 이유가 없다. 또한 각종 규제는 '규율이 잡힌 시장'(orderly markets)을 보증하고, '파괴적 경쟁'(destructive competition)을 방지하는 것으로서 호소력 있게 묘사될 수 있으며, 그 결과 시민들에게 '경제발전'에 유리한 것으로 인식될 수 있다. 그러나 합리적으로 무지한 시민들은 규제로 인해 기업들이 얻는 손실들과 규제가 소비자들에게 부과하는 고비용에 대해서는 깊이 생각하지 않는다. 왜냐하면 규제가 기업에게 미치는 손실과 소비자들에게 끼치는 비용들은 포착하기 힘들거나 밝혀 내기 어렵기 때문이다. 또한 규제는 의사결정 과정을 복잡하게 함으로써 혁신을 느리게 하지만, 이 또한 밝혀 내기 매우 어렵다.

셋째, 카르텔 결성과 공모도 암묵적 재분배의 적절한 수단이다. 카르텔 결성과 공모는 ① 외국과의 경쟁에 대하여 국내 기업들 간의 협력을 촉진

시키는 동인(動因)으로서, ② '규율 잡힌 시장'을 보증하는 수단으로서, ③ 납세자들에게 비용을 부과시키지 않는 자조(自助) 노력으로서 옹호될 수 있다. 즉, 카르텔과 공모는 이러한 이유들로 합리적으로 무지한 시민들을 설득시킬 수 있다. 또한 가격과 임금이 때때로 변하기 때문에 카르텔과 공모가 초래하는 가격 상승과 임금 인상이 소비자들에게 가져다주는 비용(영향)은 보통 생각 없이 사는 관찰자(시민)들에게 분명하게 인식되지 않는다.

마지막으로, 일반적으로 암묵적 재분배의 가장 편리한 수단은 주로 정부 예산에 의존하지 않는 재분배들이다. 일반적으로 '정부 예산을 통한 재분배'는 비록 그것이 무조건적인 현금 이전지급이 아닐지라도 보호나 규제, 또는 카르텔 결성 때문에 발생하는 가격이나 임금의 변화보다 합리적으로 무지한 투표자들에게 더 쉽게 인식된다는 특징을 가지고 있다. 정부 예산에 의존하지 않는 재분배로 인한 가격과 임금의 변화는 보통 자중손실을 초래하고, 또한 대개 혁신을 느리게 하는 각종 규제 및 협약과 밀접히 관련되어 있다. 그러나 이러한 가격과 임금의 변화로부터 초래된 재분배는 보통 정부 보조금보다 합리적으로 무지한 투표자들에게 덜 두드러진다. 따라서 정부 예산을 통한 재분배는 조직화된 집단들에게는 좋은 선택이 아닐 것이다. 이러한 사실은 '여러 국가들에서 공공(정부)부문의 규모들이 그들의 경제성과와 큰 상관관계가 없다'는 것을 부분적으로 설명해 준다.

이와 같은 수단들에 의한 여러 종류의 재분배들이 어느 정도의 자중손실(사회적 비용)을 초래하지만, '부유하고(nonpoor) 조직화된(organized) 집단들'이 추구하고자 하는 암묵적 재분배는 ① 최소의 사회적 비용을 가진 재분배가 아니라, ② 투표자들에게 가장 드러나지 않거나 가장 간접적인 재분배들이다. 만약 어떤 조직화된 집단에 대해 '사회적으로 큰 비용을 초래

<암묵적 재분배의 주요 수단>

암묵적 재분배 수단	합리적으로 무지한 투표자들의 생각	합리적으로 무지한 투표자들의 오류
관세와 수입쿼터	특정 국내 산업을 보호할 뿐만 아니라 경제 전체를 보호하거나 강하게 한다고 생각함	보호받지 못하는 다른 산업들에게 가져다주는 '암묵적 피해'에 대해 고려하지 않음
규제	• 규제가 규제를 받는 기업들보다 소비자들이나 일반 대중들에게 더 유리하다고 생각함 • '규율이 잡힌 시장'을 보증하고, '파괴적 경쟁'을 방지는 것으로 인식 • 경제발달에 유리한 것으로서 인식	• 규제로 인해 기업들이 얻는 손실들과 규제가 소비자들에게 부과하는 고비용에 대해서는 깊이 생각하지 않음 • 의사결정 과정을 복잡하게 함으로써 혁신을 느리게 함
카르텔과 공모	• 외국과의 경쟁에 대하여 국내 기업들 간의 협력을 촉진시킨다고 생각함 • '규율 잡힌 시장'을 보증하는 수단이라고 인식함 • 납세자들에게 비용을 부과시키지 않는 자활 노력으로 인식됨	가격 상승과 임금 인상을 초래하여 소비자들에게 비용을 초래함
정부 예산에 의존하지 않는 재분배	가격과 임금의 변화	자중손실을 초래하고, 혁신을 느리게 함

주: 역자가 만든 표임.

하는 암묵적 재분배'가 '사회적 비용은 더 적지만 더 투명한 재분배'로 대체된다는 안(案)이 제안된다면 그 조직화된 집단은 그러한 재분배를 '반대'할 것이다. 왜냐하면 재분배가 투명해진다면 당해 조직화된 집단은 그러한 재분배를 한 푼도 받지 못할 것이기 때문이다. 따라서 관세나 수입쿼터의 보호를 받는 산업들(즉, 조직화된 집단들)은 거의 항상 이러한 보호(즉, 불투명한

암묵적 재분배)가 '공공연한(open) 정부의 이전지급'으로 대체되는 것을 반대할 것이다. 또한 독점기업들과 카르텔들도 정부의 보조금(이전지급)을 대가로 자신들의 독점적 지위를 포기하지 않으려 할 것이다.

따라서 효율적 재분배 이론(theory of efficient redistribution)은 암묵적 재분배의 경우에는 사실이 아니다. 다른 모든 사정이 동일하다면 사회적 비용이 더 높은 재분배는 정치적으로 불리한 입장에 놓일 것이다. 그러나 다른 모든 사정이 동일하지 않다면 투표자(시민)들의 '합리적 무지' 때문에 가장 두드러지지 않고(the least conspicuous) 가장 간접적인(the least straightforward) 재분배 방법이 선택될 것이다. 그러나 이러한 기준들을 충족시키기 위하여 선택된 재분배가 최소의 사회적 비용을 가질 것이라고 생각할 아무런 이유가 없다. 상대가격을 변화시키거나 경쟁의 정도를 낮춤으로써 재분배는 자신의 목적을 달성하지만, 재분배가 내재적으로 가지고 있는 '조건'(conditionality) 때문에 우회적인(즉, 가장 두드러지지 않고 가장 간접적인) 재분배는 종종 '무조건적이고 투명한 보조금들'보다 훨씬 더 큰 사회적 비용을 가지게 될 것이다.

또한 암묵적 재분배의 불투명성(모호성)은 공교롭게도 다음 사실을 내포하고 있다. 즉, 사회적 비용들이 매우 높다는 이유로 암묵적 재분배가 삭감되어야 할 필요성은 없다. 왜냐하면 합리적으로 무지한 투표자들이 그러한 사회적 비용들을 반드시 인식한다는 보장이 없기 때문이다. 많은 실증적 연구들은 이제까지 이론적 논의에 의해 도달한 이러한 결론이 옳음을 보여 주고 있다. 현실 세계에서 수령자의 순소득 증가보다 훨씬 더 큰 사회적 비용을 수반한 암묵적 재분배에 대한 많은 사례들을 찾아볼 수 있다.

따라서 기존의 이론과 반대로 어느 한 사회에서 집단들 간의 공공 정책에 대한 협상(교섭)은 공동 이익이 극대화되고 파레토 효율성이 실현될 때

까지 계속되지 않을 것이다. 심지어 일부 집단들은 공공 정책에 대한 협상을 하기 위해 조직을 결성조차 하지 않으며, 또한 일부 사회적 손실들은 손해를 보는 대규모 집단들에 의해 인식조차 되지 않는다.

슬프게도 이러한 결과는 최상도 아니고, 게다가 가장 효율적이지도 않다. 많은 사회에서 합리적 무지는 '부유하고 내부적인 이익'(nonpoor insider interests)을 가진 소규모 분배집단들(narrow distributional coalitions)에 의해 교묘하게 이용될 수 있다. 다시 말하면, 많은 사회에서 '부유한 회원 집단들'로 구성된 소규모 분배집단들은 투표자(시민)들의 합리적 무지를 교묘하게 이용할 수 있다.

5. 암묵적 재분배의 비효율성에 대한 총량적 증거

수많은 정량적인 분석들에 따르면 특별 정부 프로그램들이나 보호관세 또는 다른 암묵적 재분배들은 재분배되는 금액에 비하여 매우 큰 사회적 비용들을 가지고 있음을 보여 주고 있다. 비평가들은 이러한 특별한 경우들이 전형적(일반적)이지 못하다는 이유로 수긍하지 않을지도 모른다. 그러나 정량적 연구 결과 사회적 비용들이 매우 높게 나타났기 때문에 경제학자들은 그러한 연구들에 주목하고 있다. 그러므로 암묵적 재분배 수준이 높은 사회들이 그렇지 않은 사회들에 비해 경제성과가 얼마나 더 큰지에 대한 증거가 필요하다. 만약 '암묵적 재분배에 대한 이제까지의 분석'의 도움으로 국가 간 그리고 지역 간 성장률과 소득 수준의 차이[7]를 설명할 수

7) [역자주] 특히, 다른 이론들이 설명할 수 없는 차이를 말한다.

있다면 그것은 곧 '암묵적 재분배가 확실히 비효율적'이라는 강력한 증거이다. 효율적 재분배 이론은 이미 그 타당성에서 타격을 받은 바 있다. 왜냐하면 효율적 재분배 이론은 '국가 간의 경제성과의 차이'를 제대로 설명해 줄 수 없기 때문이다. 만약 '저조한 경제성과'가 재분배의 높은 사회적 비용에 기인한다고 설명하는 하나의 이론이 성공한다면 효율적 재분배 이론은 확실히 곤란에 처하게 될 것이다.

비록 『국가의 흥망성쇠』에서 효율적 재분배 이론을 명시적으로 다루지는 않았지만, 나는 『국가의 흥망성쇠』를 통해 중세 이후 경제성장과 경기침체에 관한 놀라운 사례들이 대부분 소규모 집단들에 의한 집단행동의 강도(density)에 의해 설명될 수 있음을 보여 주었다. 따라서 『국가의 흥망성쇠』에서 보여 준 증거는 곧 효율적 재분배 이론을 반대하는 증거이기도 하다. 『국가의 흥망성쇠』를 읽어 보지 못한 독자들을 위하여 두 가지 가장 인상적인 증거를 다음에 소개하고자 한다. 그런 다음에 제2장에서 다룬 국제무역에 대한 새로운 증거가 이제까지 설명한 논의에 의해서도 적절히 설명될 수 있다는 것을 보여 주고자 한다.

『국가의 흥망성쇠』에서 설명한 논의를 통해 우리는 다음 두 가지를 '예측'할 수 있다. 첫째, "장기적으로 안정된 사회들(long-stable societies)은 최근의 불안정한 사회들(unstable societies)보다 집단행동의 어려움을 극복할 수 있는 집단들을 더 많이 가지고 있다". 둘째, "집단행동을 위해 결성된 소규모 집단들이 추구하고자 하는 재분배는 보통 높은 사회적 비용을 가지고 있다". 따라서 수많은 소규모 분배집단들을 보유한 '장기적으로 안정적인 사회들'은 그렇지 않은 사회들보다 덜 효율적(less efficient)이고, 또 덜 동적(less dynamic)이어야만 한다(후자의 이유에 대해서는 『국가의 흥망성쇠』에 설명되어 있다). 이러한 예측은 과연 사실일까?

많은 증거들에 따르면 이러한 주장은 '사실'이다. 가장 오랫동안 안정을 누리고 외세의 침입과 제도적 파괴를 겪지 않은 대표적인 사회는 영국이다. 이러한 배경 하에서 본 이론이 예측하는 바에 따라 영국은 20세기에 주요 선진국들 중 가장 저조한 경제성과를 기록하였다. 이와 유사하게 소규모 민주주의 국가인 아일랜드도 오랫동안 대변동을 겪지 않은 탓으로 조직화된 집단들이 거의 붕괴되지 않았고, 또한 제조업에 대한 보호가 매우 컸었던 오랜 기간 동안 분배집단들이 급속도로 결성되었다. 그 결과, 아일랜드도 이론이 예측하는 바에 따라 저조한 경제성과를 기록하였다.

또한 본 이론은 제2차 세계대전에서 패배한 추축국[8](Axis nations)에 대해서도 분명한 시사점을 던져 주고 있다. 독일, 일본 그리고 이탈리아의 경우 당시 압제적인 독재정부들과 전후 연합 점령국들은 대부분의 분배집단들을 이들 국가 내에서 거의 축출시켜 버렸다. 소수의 분배집단들은 전후 연합국 점령 기간 동안 또는 그 직후에 결성되었다. 그러나 그러한 분배집단들의 대부분은 대규모 '포괄적인'(encompassing) 집단들이었다. 이제까지 설명한 이론에 따르면 "독일, 일본 그리고 이탈리아는 전후 자유롭고 안정된 법질서가 확립된 이후에 놀라울 정도로 급속한 경제성장을 기록했었을 것"으로 예측할 수 있다. 모든 사람들이 알고 있듯이 실제로 이들 국가는 전후에 '경제기적'(economic miracles)을 이룩하였다. 마지막으로 본 이론은 제2차 세계대전 이후 미국에서의 지역 성장의 일반적 패턴을 설명하는 데에도 사용될 수 있다.

8) [역자주] '추축국'이란 제2차 세계대전 당시의 독일, 이탈리아, 일본을 말한다.

6. 제2장에 제시된 증거의 중요성

앞에서 우리는 집단행동의 논리 속에 "소규모 집단들(예를 들면, 응집력이 강한 어느 한 산업부문에서 종사하는 소수의 기업들)이 대규모 집단들보다 그들의 공동 이익을 달성하기가 더 쉽다"는 사실이 내재되어 있음[9]을 알게 되었다. 만약 어느 한 국가(특히, 소국)가 외국과의 경쟁으로부터 국내 제조업을 보호해 준다면 단지 소수의 기업들만이 제조업부문에서 '가격을 조작하기 위하여' 공모할 필요가 있을 것이다. 응집력이 강한(concentrated) 산업부문에서는 소수의 기업들이 정부의 도움 없이 가격을 조작할 수 있을 것이다. 그러나 '소수의' 기업들은 가격조작(price fixing)을 실행하는 데 필요한 정부의 도움을 얻기 위하여 로비단체를 결성하기가 더 쉬울 것이다. 따라서 제조업부문에 종사하는 소수의 기업들 간의 집단행동은 매우 일반적이며, 심지어 정치적으로 불안정한 환경에서도 흔하게 발생한다. 제조업부문에서 효과적인 가격조작 협정은 가격이 조작되는 제품의 정의와 품질 등에 대한 명세와 정보를 포함하고 있어야만 한다. 왜냐하면 소수의 각 기업들은 교묘한 가격 인하(예를 들면, 무료 추가 요금과 추가 품질 등)를 통해 카르텔화된 시장 내에서 더 큰 비중을 차지함으로써 이윤을 얻을 수 있기 때문이다. 장기적으로 이러한 가격조작 협정은 더 복잡한 협정과 규제를 초래하며, 이는 혁신율을 더욱 느리게 할 것이다.

반면에 만약 어느 한 국가가 특정 외국 제조업에 대해 '완전 개방'을 실시한다면, 관련 제품을 생산하는 세계 모든 기업들이 가격을 조작하려면

9) Olson, M., "The South Will Fall Again: The South as Leader and Laggard in Economic Growth," *Southern Economic Journal*, Vol. 49, April 1983, pp. 917~932.

서로 간에 연합(제휴)해야만 할 것이다. 세계 여러 국가들에서 수많은 제조 기업들이 있고, 국가 · 문화 · 언어 경계들 간에 기업의 행동을 조정하기 매우 어렵기 때문에 제조업의 '세계적 카르텔' 결성은 거의 불가능할 것이다. 또한 세계 정부(world government)가 존재하지 않기 때문에 어느 정부도 '세계적 카르텔 협정'(worldwide cartel agreement)을 강제하기 위하여 자신의 강제력(coercive power)을 사용하지 않거나, 세계적 특수이익 입법(worldwide special-interest legislation)을 위한 로비활동에 반응하지 않을 것이다.

따라서 각 산업에서 제조 기업들 간의 '공모적 가격조작'(collusive price fixing)은 '시장이 공개된(open markets) 국가들'에서보다 시장이 보호를 받는 국가들(특히, 소국들)에서 더 자주 발생할 것이다.

만약 어떤 국가에서 제조 기업들이 외국과의 경쟁으로부터 보호를 받는다면 이들 기업은 자신들에 대한 보호비용이 다른 국가들에서의 보호비용보다 더 높을 것이라고 걱정할 필요가 없다. 또한 만약 보호받는 산업에 종사하는 노동자들이 카르텔을 결성한다면 이들은 자신들의 생산비용을 더 비싸게 하는 임금 요구에 대해서도 걱정할 필요가 없다. 반면에 제조업 부문에서 '자유무역'을 실시하는 국가들에서 노동조합들은 외국 기업들의 경쟁 때문에 관련 노동공급에 대해 독점력을 사용할 수 있는 정도에 크게 제약을 받을 것이다. 제조 기업들 간의 공모보다 노동조합을 결성하는 데 더 오랜 시간이 걸리고, 또 어떤 불안정한 사회들에서 오랜 억압에 의해 노조 결성에 방해를 받을지라도 제조업을 보호하는 어떤 국가들은 보호받는 산업들에서 임금 수준을 '카르텔화'할 것이다. 이때 카르텔화된 임금 수준은 보호가 없는 경우에 유지되는 임금 수준보다 훨씬 더 높을 것이다. 따라서 제조업에 대한 '보호'는 보호받는 제조 기업들 간의 '공모'를 초래할 뿐

만 아니라, 또한 시간이 지나면 '무제한적인(아주 높은) 독점임금'을 초래할 것이다. 이러한 무제한적인 임금 수준들은 근로규칙(work rules)이 있는 경우에만 유지될 수 있을 것이다. 여기서 '근로규칙'이란 고용주들이 경쟁적 임금 수준보다 훨씬 더 높은 임금을 가진 노동자들을 대체하기 위하여 신규 및 비숙련 노동을 승격시키지 못하게 하는 규칙을 말한다. 그러나 이러한 근로규칙은 근로자들의 생활을 더욱 복잡하고 법률 의존적으로 만들며, 그 결과 혁신이 감소하게 된다.

어떤 복잡한 제품을 만들 때 수많은 다른 부품들과 원재료들(때때로 수천 가지의 투입물)이 필요하다. 만약 이들 부품과 원재료가 세계 어느 곳에서든지 자유롭게 구할 수 있다면 더 나은 품질의 제품들이나 더 저렴한 제품들이 생산될 수 있을 것이다. 그러나 외국 기업들과의 경쟁으로부터 국내 제조 기업들을 보호하는 국가에서는 일부 부품들과 투입물들은 더 비쌀 것이고, 또 구하기도 더 어려울 것이다. 왜냐하면 생산에 필요한 부품들과 투입물들이 정부로부터 보호를 받고 있기 때문이다. 만약 보호가 수입쿼터나 외환 통제의 형태로 이루어지고 있다면, 어느 한 제조 기업(특히, 소국에 있는 제조 기업)은 복잡한 제품을 생산하는 세계시장에서 경쟁력을 확보하지 못할 것이다.

제2장에서 살펴보았듯이 매우 보호주의적인 소규모 국가들 중 어느 국가도 경쟁적인 국제시장에서 자국 제품들을 많이 판매할 수 없었다. 반면에 제조업부문에서 보호의 정도가 낮은 소규모 국가들(예를 들면, 스웨덴)은 국제시장에서 자국 제품들을 많이 판매할 수 있었다. 본장에서 설명한 개념적 틀(conceptual framework, 개념적 분석 수단)은 다음 관계와 확실히 부합하고 있다. 즉, 소국에서의 '제조업 수입의 개방성'과 '경쟁적인 제조업 발달의

성공' 간에 매우 긴밀한 연관성이 있다. 즉, 소국에서 제조업 수입이 개방되어 있을수록(즉, 보호의 정도가 낮을수록) 세계시장에서 자국의 제조업은 더욱 경쟁적이다. 그러나 제조업부문에서 보호의 정도가 '높은' 소규모 국가들은 국내 제조업부문에 '암묵적 재분배'가 널리 만연되어 있으며, 그 결과 국내 제조업부문이 너무 비효율적이어서 세계시장에서 경쟁적이지 못하다. 물론 높은 관세장벽에 의한 국내 제조업의 높은 보호는 집단행동에 의해 이루어진 결과이다.

또한 이러한 결과들은 국제무역 이론의 최근의 발전과 관계가 있다. 제2장에서 살펴보았듯이 최근의 국제무역 이론의 발전에 따르면 시장에 '불완전경쟁'(imperfect competition)과 '규모의 경제'(economies of scale)가 존재하면 어떤 국가는 때때로 제조업의 '보호'를 통해 자국의 경제적 이익을 가장 잘 증진시킬 수 있다. 본장에서 제시된 결과들은 이러한 새로운 모형들의 논리와 거의 일치하고 있다. 그러나 새로운 모형들은 공공 정책과 관련하여 매우 제한된 관련성만 가지고 있다. '불완전경쟁'과 '비용 감소(규모의 경제)'는 소규모 국가들의 제조업에서 가장 두드러지게 나타나며, 이들은 또한 본서에서 제시한 두 가지 조건들과 정확히 부합하고 있다. 본장에서의 결과들에 따르면 '불완전경쟁과 비용 감소(규모의 경제)가 두드러질 때', 특히 보호는 큰 손실을 초래한다. 왜냐하면 이러한 조건들(즉, 불완전경쟁과 비용 감소) 하에서 보호는, 특히 생산자들(기업들)의 수를 감소시키기 때문이다. 다시 말하면, 소수의 생산자들은 공모나 카르텔을 결성하기 위하여 집단적으로 행동함으로써 보호를 획득하게 된다. 따라서 제조업부문에서 보호의 정도가 높은 소국들은 자국 제품들을 외국 시장에 수출하지 못하게 된다. 이러한 결과는 "불완전경쟁과 비용 감소가 존재할 때 집단행동에 의한 보호로 초래되는 '손해'가 소국들이 제조업의 보호로부터 얻을 수 있는 '정태적 이익'(static gains)보다 훨씬 더 중요하다"는 점을 시사하고 있다.

7. 시장 크기의 갑작스러운 증가와 무역 정책을 결정하는 주체

제2장에서 살펴보았듯이 시장의 크기가 크게 확장될 때 '급속한 경제발전'이 발생하는 경향이 있다. 시장의 크기는 주로 국가의 통일이나 공동시장(common market)의 창설을 통해 이루어진다. 왜 이러한 '지역통합'(jurisdictional integration)이 '경제발전'과 매우 강한 상관관계가 있는가?

만약 집단행동의 어려움 때문에 지역통합이 느리게 발생하거나 소규모 분배집단들이 사회적 비용을 수반하는 암묵적 재분배를 획득한다면 왜 지역통합이 급속한 경제발전을 가져다주는지를 알 수 있다. 왜냐하면 현재보다 훨씬 더 큰 시장의 창출과 무역 정책을 결정하는 더 큰 지역의 창출은 대부분의 기존 분배집단들의 영향력을 약화시키기 때문이다. 새로운 분배집단들이 결성되기 전에 상당한 시간이 걸리며, 그 결과 잠시 동안 매우 급속한 경제성장이 일어난다.

이를 살펴보기 위해 어떤 보호받는 소규모 시장을 고려해 보자. 예를 들어, 성곽으로 둘러싸여 있고 독자적인 경제 정책을 실시하는 어떤 '중세도시'를 고려해 보자. 이러한 소규모 도시에서 국가의 통일이나 공동시장의 창출 때문에 갑자기 보호가 철폐되었다고 가정해 보자. 이제 집단행동을 하기 위해 결성된 기존의 조직들(즉, 카르텔의 힘과 로비력을 사용함으로써 이윤을 얻는 동업조합들(guilds))은 지역통합 이후에 자신의 고객들이 다른 도시나 교외, 또는 시골의 공급업자들로부터 제품을 구입할 수 있다는 사실을 알게 될 것이다. 갑자기 더 넓은 시장의 창출 때문에 동업조합들은 그들의 독점력을 상실하게 된다. 지역통합이 훨씬 더 큰 지역을 만들어 내기 때문에 훨씬 대규모의 로비활동이 필요하게 된다. 그 결과, 과거에 소규모 도시를 상대로 로비활동을 하는 데 적합했던 단체들은 이제 확대된 새로운 정부 단위에 영향을 미치는 데 충분하지 못할 것이다.

따라서 본장에서 설명한 이론을 이용하여 다음을 예측할 수 있다. 즉, "무역이 더욱 자유화된 이후에 집단행동을 추구하는 조직(단체)들이 초래하는 손실의 정도는 전에 비해 훨씬 더 작을 것이다". 무역자유화는 대개 국가의 통일, 공동시장의 창출, 또는 일방적인 무역자유화 등을 통해 이루어진다.

집단행동을 추구하는 조직들은 궁극적으로 새로이 창출된 더 큰 시장과 더 큰 지역을 상대로 로비활동을 하거나 카르텔을 결성하기에 충분할 규모로 다시 커질 것이다. 그러나 만약 본장에서의 내 주장이 옳다면 집단행동의 어려움을 극복하는 데 아주 긴 시간이 걸릴 것이고, 적어도 해당 집단들이 대규모라면 더욱 긴 시간이 걸릴 것이다. 따라서 잠시 동안 매우 급속한 경제성장이 일어날 수 있다.

본 이론이 예측하듯이 유럽에서 EEC(유럽경제공동체) 창출 이후, 독일에서 관세동맹(Zollverein) 체결 이후, 일본에서 메이지 유신 이후, 네덜란드의 스페인에 대한 반란 이후, 영국과 미국에서 국가통일 이후에 매우 급속한 경제성장이 있었다. 경제성장의 타이밍(timing)이 확실히 본장에서의 이론과 부합할지라도 이러한 상관관계(correlation)는 이들 간의 인과관계(causation)를 입증하기에는 불충분하다.

다행하게도 경제성장의 패턴에 대한 여러 특징들은 본장에서의 주장(이론)을 크게 지지하고 있다. 예를 들면, 만약 근대 초기의 영국의 경우를 보면 제조업의 주요 형태는 직물이었으며, 직물 제조업은 지역통합 이후에 도매상인-고용주 제도, 즉 '선대제'(putting-out system, 先貸制) 하에서 운영되었다는 사실을 알 수 있다. 당시 영국의 제조업은 주로 동업조합들(gulids; 즉, 그 당시의 분배집단들)이 지배하는 도시에서 성행하지 않고 시골의 흩어진 오두막집에서 이루어지고 있었다. 도매상인들은 시골지역으로 가서 가난한 농민들과 직물 생산을 계약하였다. 이러한 제도는 수송비와 거래비용 면에서 큰 비용을 수반하였지만, 옛 도시에서 동업조합의 지배 하에서 생산될 때에 비해 더 저렴하였다. 또한 다수의 경제성장은 동업조합들이 존재하지 않는 새로운 도시나 교외에 집중되어 있었다. 더 큰 국내 시장이 생성되었을 때 기업들은 비용이 가장 싼 곳에서 제품을 생산하였고, 비용은 동업조합의 지배를 받지 않는 곳에서 더 저렴하였다.

이제까지의 논의를 바탕으로 다음 두 가지 관계는 본장에서 제시한 이론과 부합함을 알 수 있다. 첫째, 소국에서 제조업부문에서의 낮은 보호 수준과 경쟁적인 제조업 발달의 성공 간에 밀접한 상관관계가 존재한다. 즉, 소국에서 제조업의 보호 수준이 낮을수록 당해 제조업은 국제시장에서 더욱 경쟁적이다. 둘째, 지역통합을 통한 시장 규모의 증가와 경제발전 간에 분명한 상관관계가 존재한다. 즉, 시장의 크기가 커질수록 당해 경제는 더욱 발전된다. 이들 두 가지 관계는 본장에서 제시한 이론이 예측하는 패턴과 잘 부합하고 있다. 따라서 두 관계가 존재하는 경우 암묵적 재분배는 더 줄어들게 된다. 바꾸어 말하면, 어느 사회에서 암묵적 재분배를 줄이려면 제조업에 대한 보호 수준을 낮추고, 시장의 크기를 늘려야 한다.

제 6 장

명시적 재분배의 더 낮은 비용과 그 한계

06

명시적 재분배의 더 낮은 비용과 그 한계

1. 스웨덴의 암묵적 재분배

제2장에서 제시된 증거에 따르면 놀라울 정도로 분명하고 강한 패턴(상관관계)이 존재한다. 세계은행(World Bank)이 조사한 41개 후진국 가운데서 외향적(外向的, outward-looking) 국가들이 일반적으로 내향적(內向的, inward-looking) 또는 보호주의적(protectionist) 국가들보다 경제성과가 더 나은 것으로 나타났다. 또한 포터(Michael Porter)와 그의 동료들의 연구에 의하면, 국제적으로 성공한 대다수의 산업들은 국내 또는 국제 경쟁으로부터 거의 보호를 받지 않았거나 보조금을 받지 않은 산업들이었음을 체계적으로 보여 주었다. 가장 놀라운 사실은 자료가 입수 가능한 모든 소규모 국가들을 대상으로 조사한 결과 제조업의 높은 보호가 경쟁적인 세계시장에서 관련 제조업의 수출실패와 강한 상관관계가 있음을 보여 주었다. 다시 말하면, 국내에서 제조업에 대한 보호가 높을수록 해외 시장에서 당해 제조업 부문의 수출이 성공하지 못하였음을 보여 주었다. 또한 교역지역(trading area)의 커다란 확대와 경제발전의 커다란 촉진 간에 체계적 상관관계가 있음도 나타났다. 산업발전과 관련된 여러 변수들 중에서 '보호주의'(protectionism)와 '지역

통합'(jurisdictional integration)에 대한 효과가 압도적이어서 이것만으로도 다음과 같은 꽤 강한 결론을 도출할 수 있다. 즉, 보호주의와 지역통합에 대한 효과는 희생자들의 생명에 중대한 영향(즉, 사망)을 미치는 비행기 충돌 사고와도 같다. 인간의 기대수명에 영향을 미치는 다른 많은 변수들이 있지만 비행기 충돌 사고는 그 자체로 희생자들의 수명에 중대한 영향을 미친다.

이러한 이유로 제1장에서 제시된 국가 수준에서의 증거는 '정부 규모와 경제성장' 또는 '저소득 계층에 대한 이전지급의 규모와 경제성장' 간에 강한 상관관계가 있음을 보여 주지 못하게 된다.[1] 우리는 대개 개별 국가들에서 나타난 것을 관찰함으로써 어떤 사실을 알기 때문에 적절한 통계적 검증을 통해 "대규모(또는 증가일로에 있는) 복지국가(welfare state)는 한 나라의 경제성장률[2]을 더 낮게 할 것"이라고 예상한다. 그러나 이념적 논쟁의 결과(또는 이러한 논쟁들에 참가한 주요 경제학자들의 기여)를 통해 우리는 '저소득 계층에 대한 이전지급의 정도'와 '복지국가의 크기'가 국가의 운명(fate of nations)에 매우 중요하다고 생각해 왔다. 즉, 많은 사람들은 저소득 계층에 대한 이전지급(또는 복지국가의 크기)이 경제성장과 인간의 복지에 너무나 중요하기 때문에 그 영향이 명약관화할 정도로 분명하게 나타날 것이라고 아주 당연시해 왔다.[3] 그러나 저소득 계층에 대한 이전지급과 복지국가의 크기가 '경제성장'에 미치는 효과들은 다른 관련 변수들을 압도할 만큼 그렇게 크지 않은 것으로 나타나고 있다. 그러면 왜 대규모 복지국가가 '경제성

1) [역자주] 다시 말하면, '보호주의'와 '지역통합'에 대한 효과가 약하거나 없다면 '정부규모와 경제성장' 또는 '저소득 계층에 대한 이전지급의 규모와 경제성장' 간에 강한 상관관계가 존재할 것이다.

2) [역자주] 대규모 복지국가가 한 나라의 경제성장률을 낮출지 모르지만 결코 국가의 효용이나 후생 수준을 낮추지는 않을 것이다.

3) [역자주] 많은 사람들은 심지어 관련된 다른 변수들을 무시한 분석들에서도 그 효과가 분명할 것이라고 생각하는 경향이 있다.

과'(즉, 경제성장)에 미치는 효과(정확히 말하면, 불리한 효과)가 다른 모든 요인(변수)들을 압도할 만큼 크지 못한가? 또는 그러한 효과가 제1장에서 제시된 국가별 및 역사적 비교에서 왜 두드러지게 나타나지 않는가?

이제까지 제3~5장에서 제시된 개념적 분석틀(conceptual framework)을 통해 우리는 이들 의문에 대한 한 가지 가능한 해답을 찾을 수 있다. 제3~5장에 따르면 "조직화된 집단들(organized groups)은 암묵적 재분배(implicit redistribution)를 추구하려는 강한 유인을 가지고 있다". 여기서 '암묵적 재분배'란 조직화된 집단들이 '정부 예산'에 의해서(즉, 명시적 재분배)가 아니라 상대 가격(relative prices)의 변화를 통해 자신들의 목적을 달성하려는 것을 말한다. 그러한 재분배는 ① 간접적이고 감추어진 특성과 ② 재분배를 받는 데 필요한 까다로운(복잡한) 조건[4] 때문에 대개 사회적으로 커다란 비용을 발생시킨다.

만약 이제까지 본서에서 설명된 논의가 옳다면 저소득 계층에 대한 재분배(심지어 GDP 대비 정부 규모)가 재분배의 사회적 총비용과 강한 상관관계를 가져야 할 이유가 없다. 대규모 복지국가에 대한 비판자들이 주장하듯이 '재분배가 자중손실을 초래하는 것'은 사실이다. 그러나 "저소득 계층에 대해 가장 많은 명시적 재분배를 제공하는 국가들(즉, GDP 대비 정부지출이 가장 큰 국가들)이 재분배로부터 가장 큰 손실을 입는다"(즉, 사회적 비용이 가장 크다)고 속단하는 것은 옳지 않다. 왜냐하면 '빈곤한 사람들에 대한 이전지급이 더 적은 국가들'(즉, 정부 규모가 더 작은 국가들)이 저소득 계층에 대해 가장 많은 이전지급을 하는 국가들(즉, 대규모 복지국가들)보다 재분배로부터 더 큰 손실을 볼 수 있기 때문이다. 따라서 저소득 계층에 대한 재분배와 재

4) [역자주] 원문에서는 이를 '재분배 목적을 감추는 데 필요한 복잡한 조건'이라고 표현하고 있다.

분배의 사회적 비용 간에 강한 상관관계가 존재하지 않을 수도 있다. 이것은 아마 제1장에서 보았듯이 선진 민주주의 국가들이나 모든 비(非)공산주의 국가들의 경우에 공공부문의 상대적 크기(또는 GDP 대비 정부 규모)와 경제성장률 간에 강한 상관관계가 발견되지 않는 주요 이유일 것이다.

본 연구의 주요 목적은 본서의 부제(副題)가 보여 주듯이 '스웨덴에 대한 몇 가지 질문들'을 제기하는 데 있다. 지난 제3~5장에서 개발된 개념적 분석틀이 과연 스웨덴에 대해 무엇을 말해 줄 수 있는가?

이러한 질문에 대답하기 전에 먼저 스웨덴(또는 가장 관대한 복지국가를 가진 다른 국가들)의 경우, 결코 암묵적 재분배가 적지 않다는 것을 기억하는 것이 중요하다. 따라서 "암묵적 재분배로부터 종종 대규모 손실이 발생한다"는 제5장에서의 논의는 확실히 스웨덴의 경우에도 적용될 수 있다.

그러나 암묵적 재분배로부터 가장 큰 손실을 보는 국가가 과연 스웨덴인가? 또는 스웨덴이 암묵적 재분배로부터 가장 큰 손실을 보는 국가들 중의 하나인가? 나는 그렇지 않다고 생각한다. 우리는 추가적 연구 결과가 제시되기 전까지 최종 결론을 유보해야만 한다. 본 연구의 주요 목적은 이들 질문에 대한 '새로운' 대답들을 찾고자 하는 데 있다. 그러나 스웨덴이 암묵적 재분배의 정도와 사회적 비용 면에서 유일무이한 국가라고 주장하는 사람들을 찾기가 여간 쉽지 않다는 점이다. 또한 대부분의 다른 국가들에서보다 스웨덴에서 가장 큰 손실(사회적 비용)을 가져다주는 암묵적 재분배의 사례들을 찾는 것은 더욱 어렵다. 스웨덴이 다른 국가들에 비해 암묵적 재분배로부터 더 큰 손실을 본다고 생각하는 이유는 무엇인가? 왜 스웨덴이 아르헨티나나 아일랜드보다 암묵적 재분배로부터 더 큰 손실을 본다고 주장할 수 있는가? 왜 스웨덴이 영국이나 다른 영어권 국가들에 비해 암묵적

재분배로부터 더 큰 손실을 본다고 생각하는가? 왜 스웨덴이 서유럽 국가들과 동유럽 국가들 그리고 개발도상국들보다 암묵적 재분배로부터 더 큰 손실을 보는가?

비록 스웨덴 전문가들이 이러한 질문들에 대한 추가적 연구를 마칠 때까지 최종 결론을 유보해야만 할지라도 나의 가설은 "스웨덴이 암묵적 재분배로 가장 큰 손실을 보는 국가가 아니다"라는 것이다. 또한 스웨덴은 그러한 국가 근처에도 있지 않다는 것이다. 나는 다른 많은 국가들과 비교해 볼 때 스웨덴의 경제성과가 좋은 편이라고 생각한다. 왜냐하면 스웨덴의 경제성과가 다른 국가들에 비해 암묵적 재분배에 의해 그렇게 크게 지체되지 않고 있기 때문이다. 암묵적 재분배가 가장 큰 국가들의 경우 암묵적 재분배로부터 발생하는 손실이 매우 커서 스웨덴의 대규모 GDP 손실을 상쇄하고도 남는다. 왜냐하면 스웨덴은 다른 국가들에 비해 저소득 계층에 대해 대규모 '명시적' 재분배를 제공해 주고 있기 때문이다.

2. 암묵적 재분배의 정도를 제한하는 요인: 스웨덴의 경우

그러면 스웨덴에서 무엇이 암묵적 재분배의 정도(또는 양)를 제한하는가? 여기에는 두 가지 요인이 있다. 첫째, 스웨덴에서 암묵적 재분배의 정도를 억제시키는 하나의 주요 요인은 스웨덴에서의 제조업자들에 대한 관세 및 수입쿼터 보호에 대한 비교적 높은 저항에 있다. 그 결과, 스웨덴은 다른 국가들에 비해 '제조업의 보호'를 통한 암묵적 재분배로부터 큰 손실을 보지 않는다. 제2장에서 보여 준 통계 및 역사적 증거에 의하면 이것은 수량적으로 매우 중요한 문제이다. 또한 제5장에서의 논의에 따르면, 제조업의 수입에 대한 스웨덴의 비교적 높은 개방성은 스웨덴 노동시장과 다른 요소시장들에서 암묵적 재분배의 정도를 감소시키는 주요 요인이 된다.

이를 통해 우리는 다음과 같은 또 다른 흥미 있는 질문을 제기해 볼 수 있다. 왜 스웨덴은 다른 많은 국가들에 비해 제조업 분야에서의 자유무역(free trade)에 더 호의적인가? 이 질문에 제대로 대답하려면 오랜 시간이 걸린다. 그래서 여기서는 몇 가지 관련된 논의들만을 언급하고자 한다. 아마 한 가지 요인은 '역사적 우연성'에 있다. 현대 스웨덴(또한 덴마크와 노르웨이)의 산업 발전은 부분적으로 19세기 영국에 대한 1차 산품(즉, 농산물)의 수출을 통해 시작되었다. 당시 영국은 자유무역을 실시하고 있었으며 세계에서 가장 부유한 국가였다. 당시 스칸디나비아 국가들(즉, 스웨덴, 덴마크, 노르웨이)은 자신들의 '따라잡기 성장'(catch-up growth)이 시작된 19세기에 낙농제품, 목재, 귀리, 선적 서비스, 철광석 등을 수출하였다. 내 생각이 틀릴 수 있지만 나는 현대 스칸디나비아 국가들의 많은 제조업들이 1차 산품 수출의 가공이나 개발과 함께 시작되었다고 생각한다. 통나무가 최종 목재, 종이, 그리고 정교한 종이제품 등으로 가공된다. 철광석 수출은 철 수출과 철강 수출, 그리고 복잡한 제조품 수출 등으로 개발될 것이다. 또한 스칸디나비아 국가들로부터 낙농제품의 수출은 스웨덴에서의 크림 분리기의 발명과 관련이 있을 것이다.[5] 불행히도 나는 이 문제에 관해 최종 결론을 제시할 만큼 유식하지 못하다. 그러나 현대 스웨덴에서 '수출용 1차 산품의 제조 및 생산'과 '자유무역 지지' 간의 공생(共生)관계가 스웨덴 제조업체들로 하여금 수출과 자유무역에 더 호의적으로 대하게 하였을지도 모른다. 누군가

5) 나는 이 사실을 1984년 스톡홀름에서 있었던 어느 한 토론에서 언급한 적이 있다.

이 문제를 좀더 연구해 본다면 흥미로운 결과를 얻을 수 있을 것이다.

둘째, 스웨덴에서 암묵적 재분배의 규모를 감소시키는 또 다른 요인은 현대 스웨덴 역사에서 전문지식을 갖춘 경제학자들의 재능과 영향력에 있다. 비록 경제사상(economic thought)의 많은 거장들이 스웨덴이 아니라 영국에서 출현했지만 스웨덴 학자들의 기여도 국가 규모에 비해 매우 컸다고 할 수 있다. 스웨덴은 아마 경제사상에 대한 1인당 기여(per capita contribution) 면에서 가장 큰 국가라 할 수 있다. 또한 스웨덴 경제학자들은 종종 경제 정책(economic policy) 분야에서 커다란 영향력을 행사해 왔다.

일부 독자들은 앞에서 '합리적 무지'와 '정치에서의 사익(self interest)의 역할'을 논의하는 과정에서 내가 '아이디어가 경제 정책에 미치는 커다란 영향력'을 배제하였다고 생각할지도 모른다. 그러나 그것은 사실이 아니다. 다른 논문[6]에서 논의했듯이 어떤 주제에 '전문적인 이해관계'(professional stake)를 가진 사람들은 그 주제에 대해 "무지(無知)한 것이 합리적이지 않다"는 것을 알아야 한다.[7] 비록 지식인들이 다른 사람들처럼 사익(私益)에 영향을 받을지라도 그들의 사익은 일반적인 공공 정책 이슈에서보다 주로 자신들의 '직업적 이해관계'를 가지는 문제들(예를 들면, 자신들의 봉급과 정년보장 등)에서 더 두드러질 것이다. 지식인들과 달리 다양한 사회적 역할을 담당하는 개인들은 한 명의 판사나 배심원단의 일원과도 같을 것이다. 왜냐하면 각자의 사익이 당면한 문제에 큰 영향을 미치지 않기 때문이다. 따라서 '공적 문제'(public issue)에 대해 잘 알아보려는(무지하지 않으려는) 사람들(예를

6) 이에 대해서는 Olson, M., "How Ideas Affect Societies," in *Ideas, Interests & Consequences*, London: Institute of Economic Affairs, 1989를 참고하기 바란다. 이 논문은 *LSE Quarterly*, Vol. 3, No. 4, Winter 1989, pp. 279~304에 다시 인쇄되었다.

7) [역자주] 이를 일반인들의 '합리적 무지(無知)'에 대해 전문가들의 '합리적 유지(有知)'라 부를 수 있다.

들면, 지식인들)과 공적 문제를 사익이 아니라 공익(公益)의 관점에서 살펴보려는 사람들이 존재하게 된다. 그 결과 아이디어들은 그러한 사람들을 통해 사회에 커다란 영향력을 미칠 수 있다.

그러므로 비록 내가 '조직화된 기득이익'(vested interests, 이익집단)의 중요성을 강조했을지라도 나는 '아이디어의 역량이나 우수성' 또한 한 국가가 어떤 정책과 제도들을 선택하는지를 결정하는 데 중요한 요인이라고 생각한다. 뿐만 아니라 나는 장기적으로 스웨덴의 경제성과(economic performance)가 스웨덴의 우수한 경제학자들과 경제지력(經濟知力, economic intelligence)에 의해 큰 도움을 받아 왔다고 생각한다. 이러한 두 가지 요인들로 인해 보호무역주의(또는 자유무역)에 대한 일반 여론(public opinion)이 아르헨티나와 스웨덴에서 크게 다를 것이다. 양국에서의 그러한 여론의 차이는 부분적으로 두 국가에서의 '경제지력(또는 경제학자들의 자질)의 차이'에 기인할지도 모른다.

3. 망라집단들

스웨덴에서 암묵적 재분배의 정도(또는 양)를 감소시키는 세 번째 요인은 내가 명명한 소위 '망라(網羅)집단들'(encompassing organizations)의 역할에 있다.[8] 예를 들어, 하나의 집단(또는 조직)이 한 국가의 소득획득자들의 대부분을 포함하고 있다고 가정해 보자. 이 집단에 소속된 회원들(또는 구성원들)이

8) [역자주] 여기서 '망라'(encompassing)란 '큰 그물(網)과 작은 그물(羅)'이란 뜻으로 "널리 구하여 모두 받아들임"을 말한다. '망라적 집단'이란 '포괄적 또는 포용적 집단'이라고 할 수 있다.

당해 국가 GDP의 50%를 획득한다고 가정해 보자. 만약 이러한 망라집단이 자신의 회원들의 이익을 진심으로 증진시키려 한다면 이 집단은 분명히 제5장에서 고려한 '소규모 집단'(narrow coalition)과 매우 다르게 행동할 것이다. 제5장에서 한 국가의 소득획득자들의 단지 1%만 대표하는 아주 소규모 집단에 관해 설명한 바 있다. 만약 당해 망라집단의 회원들이 한 국가의 경제 번영으로부터 발생하는 이익(즉, 국민소득의 증가)의 절반을 가져갈 수 있다면 당해 집단은 자신의 국가를 더 효율적이고(efficient) 더 혁신적으로(innovative) 만들려는 데 기꺼이 기여하고자 할 것이다. 따라서 당해 망라집단은 자신의 회원들을 위해 별도의 재분배활동을 시도(추구)하지 않을 것이다. 왜냐하면 그러한 재분배는 재분배되는 금액에 비해 더 큰 사회적 손실을 초래하기 때문이다. 만약 스웨덴의 어느 한 망라집단에 소속된 회원들이 스웨덴 GDP의 절반을 가져간다면 그들은 평균적으로 자신들에 대한 재분배로부터 발생하는 사회적 손실의 절반을 부담하게 될 것이다. 만약 어느 한 망라집단이 그들의 회원들을 합리적으로 대표한다면,[9] 당해 집단은 사회적 손실을 가능한 한 적게 하면서 재분배를 추구(시도)하려 할 것이다. 뿐만 아니라 당해 망라집단은 재분배에 따른 사회적 비용이 재분배되는 금액보다 두 배 정도 더 크다면 그러한 재분배를 추구하지 않을 것이다. 제5장에서 고려한 '분배집단들'(distributional coalitions)과 달리 망라집단들(encompassing organizations)은 오직 '효율적인 재분배'(efficient redistribution)만을 추구하려 할 것이다. 그 결과 망라집단들 간의 협상비용은 매우 크지 않을 것이다. 따라서 망라집단들이 있는 사회(국가)의 경우 때때로 효율적 재분배

9) [역자주] 즉, 망라집단이 '재분배로부터 얻는 혜택'과 '재분배로부터 발생하는 사회적 손실'을 모두 고려하는 경우를 의미한다.

이론이 적용될 수 있을 것이다.

망라집단들은 대부분의 다른 국가들에 비해 비교적 스웨덴에서 더 중요한 역할을 해왔다. 스웨덴의 'LO(노동조합총연맹) 집단'은 조직화된 총노동력의 대부분을 대표해 왔다. 스웨덴 LO의 영향력은, 특히 1950년대와 1960년대 초에 강했으며, 지금은 그렇게 강하지 못한 편이다. LO는 스웨덴 사회민주당(Social Democratic Party)과 긴밀히 제휴해 왔다. 스웨덴의 경우 사회민주당이 홀로 정부를 지배하고 있을 뿐만 아니라 유권자의 대다수(majority)를 대표하고 있기 때문에, 따라서 LO를 '망라집단'이라고 할 수 있다. 또한 '스웨덴 경영자연합회'(Swedish Employers' Federation)는 스웨덴 기업의 대부분을 대표하고 있다. 따라서 스웨덴 경영자연합회도 스웨덴에서 '망라집단'에 속한다. 나는 『국가의 흥망성쇠』(*The Rise and Decline of Nations*)에서 매우 조심스럽게 (두 개의 대규모 망라집단이 있는) 스웨덴과 망라집단들을 가진 국가들(예를 들면, 오스트리아와 노르웨이)에서 이룩한 경제성장의 일부는 아마 그러한 집단들의 망라적 성격에 기인할지도 모른다고 주장하였다. 또한 다른 논문들을 통해 나는 장기적으로 망라집단들이 붕괴될 수 있는 요인과 망라집단들이 회원들의 총이익에 충실히 봉사하지 못하는 경우들에 관해 검토해 보았다. 그 결과, 망라집단을 '제도경화증(institutional sclerosis)에 대한 하나의 이상적이고 믿을 만한 해결책'으로서 고려하는 데 따르는 위험성에 관해 강조하였다.[10] 그러나 나는 이 문제에 대해 더 많은 연구가 필요하다고 생각한다.

이미 이러한 방향으로 진행된 매우 흥미 있는 연구 결과들이 많지는 않

10) 이에 대해서는 Olson, M., "An Appreciation of the Tests and Criticisms," *Scandinavian Political Studies*, March 1986을 참고하기 바란다.

지만 더러 있는 편이다. 예를 들면, '실업과 거시경제적 안정'에 관한 별개의 논문들을 통해 캄포스와 드리필(Lars Calmfors and John Driffill)[11] 그리고 들롱과 조넝(Bradford DeLong and Lars Jonung)[12]은 망라집단들을 가진 국가들과 분권화되고 경쟁적인 제도들을 가진 국가들이 소규모 분배집단들을 가진 국가들보다 실업률이 더 낮음을 보여 주었다. 물론 이들 두 논문은 다른 기여를 했지만 무엇보다도 『국가의 흥망성쇠』에 제시된 망라집단 이론을 크게 확장하였고, 그들의 주장은 본서에서의 논의와 대체로 일치하고 있다.[13] 또한 헤이트거(Bernhard Heitger)는 망라집단들을 가지고 있거나 비교적 약한 분배집단들을 가진 국가들의 성장률이 더 높게 나타났고, 반면에 소규모이지만 강력한 분배집단들을 가진 국가들에서 더 낮게 나타났음을 보여 주었다.[14]

캄포스와 드리필, 들롱과 조넝, 그리고 헤이트거 논문들이 제시하였듯이 스웨덴이 영어권 국가들보다 비교적 더 많은 망라집단들을 가지고 있기 때문에 경제적으로 성공하고 있는지도 모른다. 이러한 가능성을 가지고 망라집단의 중요성을 지나치게 강조해서는 안 될 것이다. 따라서 '망라집단들이 제도경화증에 대한 하나의 믿을 만한 해결책'이라고 생각하는 독자들(또는 사람들)이 있다면 망라집단에 대한 나의 포괄적인 논의를 반드시 참고

11) Calmfors, Lars and John Driffill, "Centralization and Wage Bargaining," *Economic Policy*, April 1988, pp. 14~61.

12) DeLong, Bradford and Lars Jonung, "Hysteresis, the Corridor, and the Political Economy of Unemployment, 1955-1986," (forthcoming). Calmfors-Driffill과 DeLong-Jonung 논문들에 대한 자세한 분석과 실업과 거시경제적 성과에 대한 실증분석에 관해서는 Kendix, Michael and Mancur Olson, "Changing Unemployment Rates in Europe and the USA: Institutional Structure and Regional Variation," in *Labour Relations and Economic Performance*, London: MacMillan Press Ltd., 1990, pp. 40~67을 참조하기 바란다.

13) 그러나 Calmfors-Driffill 모형의 기술적 특징은 나의 『국가의 흥망성쇠』에서의 논의와 다소 다르다고 할 수 있다. 왜냐하면 Calmfors-Driffill 모형은 완전경쟁적이라기보다는 소규모 기업에서의 '노동 카르텔'을 가정하고 있기 때문이다.

14) Heitger, Bernhard, "Corporatism, Technological Gaps and Growth in OECD Countries," *Weltwirtschaftliches Archiv*, 1987.

하기 바란다. 나는 다른 논문에서 망라집단들이 장기적으로 어떻게 붕괴되는지, 또는 망라집단들이 자신의 회원들로 구성된 소규모 하위 집단들이나 연합들에 의해 어떻게 영향을 받는지에 관해 논의한 바 있다.[15)]

4. 명시적 재분배에 따른 비용을 낮추는 요인들

이제까지 우리는 각종 '암묵적' 재분배가 그 동안 우리가 생각해 온 것보다 경제성과(또는 경제성장)에 훨씬 더 중요하고, 더 큰 손실을 초래한다는 사실을 보아 왔다. 반면에 명시적 재분배는 때때로 우리가 생각하는 것보다 경제성과에 더 적은 손실을 가져다준다. 왜 그런가? 여기에는 몇 가지 이유(요인)들이 있다. 그러한 이유들 가운데 일부는 단순히 암묵적 재분배 논의의 정반대이다. 먼저 이들에 대해 설명한 후, 다음으로 완전히 다른 몇 가지 이유들에 관해서 설명하고자 한다.

앞에서 보았듯이 빈곤한 사람들처럼 분열된 집단들은 집단적으로 행동하지 않을 뿐만 아니라 조직조차도 결성하지 않는다. 따라서 저소득 계층에 대한 공적 부조 프로그램들은 '이전지급의 수령자들'에 의한 로비활동이나 다른 조직화된 행동에 의해 지급되는 것이 아니다. 오히려 그러한 프로그램들은 주로 유권자들(시민들)과 정치지도자들의 동정심(sympathy)과 평등주의적 감정(egalitarian sentiments)의 결과로 지급된다. 즉, 빈곤한 서민들에 대한 도덕적, 동정적, 그리고 이념적 동기 등이 주로 저소득 계층에 대한

15) 이에 대해서는 Olson, M., "An Appreciation of the Tests and Criticisms," *Scandinavian Political Studies*, March 1986을 참고하기 바란다.

이전지급을 발생시키고 또 정당화시키기 때문에 대개 그러한 이전지급을 '감출' 이유가 없다. 심지어 정치지도자들은 자신의 도덕적 만족감으로 그러한 이전지급을 정당화한다. 그러므로 저소득층(또는 노령자들과 신체장애자들 등)에 대한 '평등주의적 이전지급'(egalitarian transfer)은 공적 자금(국가예산)으로부터의 공개적인 이전지급(즉, 명시적 재분배)이다.

이와 같이 유권자들의 도덕적 감정에 의해 초래된 공개적(명시적) 재분배들은 분배집단에 의한 연합적 재분배[16](coalitional redistribution, 즉 암묵적 재분배)와 달리 '독점화'나 '보호주의'를 초래하지 않는다. 또한 그러한 공개적(명시적) 재분배들은 광범위한 사회적 목적을 달성하기 위하여 지급하는 정부 보조금들에 대해 어떠한 '수령 조건'도 붙이지 않는다. 왜냐하면 정부 보조금들은 유권자들의 도덕적 목적을 반영하기 위해 지급되기 때문이다. 그 결과, 유권자들의 동정에 의해 발생하는 공개적(명시적) 재분배의 경우에는 독점화와 보호주의, 그리고 정부 보조금에 대한 수령 조건 등으로부터 추가적으로 발생하는 사회적 비용은 그렇게 심각하지 않을 것이다.[17] 이제까지의 이유는 단순히 암묵적 재분배의 반대 경우에 해당된다.

이제 암묵적 재분배의 경우와 완전히 다른 이유들에 관해 살펴보기로 하자. 시민들의 도덕적 염려(moral concern)로 창출된(지급된) 명시적 재분배가 종종 암묵적 재분배보다 더 낮은 사회적 비용을 가져다준다. 왜 그런가? 이에 대한 새로운 이유들이 있다. 첫째, 도덕적 이유로 생겨난(창출된) 재분배들은 보통 가난한 사람들, 노령자들, 병약자들, 신체장애자들, 아버지가 없

16) [역자주] 그러나 분배집단에 의한 연합적 재분배(즉, 암묵적 재분배)는 일반적으로 '독점화'나 '보호주의'가 수반된다.

17) [역자주] 반면에 '암묵적' 재분배의 경우 독점화와 보호주의, 그리고 정부 보조금에 대한 수령 조건 등으로부터 추가적으로 커다란 사회적 비용이 발생한다.

는 아이들에게 지급되기 때문이다. 시민들의 동정심에 의해 생겨난 이러한 재분배의 수령자들은 대체로 부유한 사람들보다 덜 생산적이다. 또한 이전지급에 대한 권리(entitlement)를 부여하는 데 적용되는 나이나 신체장애와 같은 특성들도 대개 낮은 생산성을 내포하고 있다. 이전지급의 일부 수령자들이 근로활동에 전혀 종사하지 않기 때문에 이들에 대해서 조세가 부과되지 않는다. 그 결과, 그러한 사람들에 대한 이전지급은 별다른 자중손실을 초래하지 않는다.[18] 대부분의 경우에 가장 생산적인 사람들은 부유한 사람들이지, 결코 가난한 사람들이 아니다.

사회에서는 두 부류의 사람들이 있다. 어느 한 사회는 근로활동에 전혀 종사한 적이 없는 사람들이나 복지 (이전)지급이 없는 경우, 하인이나 정원사가 될 사람들에게 이전지급을 해줄 수 있다. 그럼에도 불구하고 이 사회는 역동적이며 생산적이 될 수 있다. 왜냐하면 이전지급의 수령자들은 대개 생산성이 낮은 사람들이기 때문이다. 반면에 다른 사회에는 유능한 노동자들, 관리자들, 전문가들, 기업가들, 그리고 기업들이 있다. 이들의 에너지를 잘못 사용하면 사회적으로 커다란 손실이 발생한다. 따라서 대체로 전자의 사람들은 유권자들(시민들)의 동정의 대상이고, 주로 후자의 사람들은 집단행동의 어려움을 극복할 수 있다.[19] 그 결과, 전자의 사람들은 시민들의 동정심에 의해 생겨난 이전지급에 의존하게 되고, 후자의 사람들은 이익집단을 결성하여 자신들의 이익을 보호한다.

둘째, 시민들의 동정심에 의해 창출된 이전지급의 수령자들은 보통 중

18) [역자주] 그러나 이전지급에 대한 재원을 마련하려면 조세가 부과되어야 하며, 이 경우 조세 부과로 인한 자중손실이 발생한다.

19) [역자주] 즉, 전자의 사람들은 집단행동의 어려움을 극복할 수 없기 때문에 이익집단을 조직하지 못하지만, 후자의 사람들은 집단행동의 어려움을 극복할 수 있기 때문에 이익집단을 조직할 수 있다.

간재와 부속 투입물의 주요 사용자들이 아니다. 반면에 분배집단들의 많은 수혜자들(회원들)은 중간재와 부속 투입물의 주요 사용자들이다. 거액의[20] 재분배를 통해 순소득(net income)의 증가를 얻기 위하여 분배집단의 회원들은 보통 중간재와 보충 자원들을 사용해야만 한다(또는 중간재와 보충 자원들을 그릇되게(비효율적으로) 배분하는 '정책'을 획득하거나 실행해야만 한다). 그 결과, 그러한 산업에 속해 있는 기업들이나 노동자들은 가격 인상에 따른 이익이나 다른 혜택들[21]의 일부만 얻을 수 있다. 그러나 이로 인해 사회는 조직화된 (분배)집단의 순소득을 크게 증가시키기 위하여 이들에게 지급되는 금액 이상을 지출해야 할 것이다. 반면에 유권자들의 동정심을 통하여 거액의 자금을 빈곤한 사람들에게 이전하려는 욕망(동기)이 있다면 중간재나 부속 투입물의 잘못된 배분[22]은 발생하지 않을 것이다. 왜냐하면 빈곤한 사람들은 대개 많은 부속 자원들을 사용하는 '생산 과정'을 통제하지 못하기 때문이다. 따라서 이들에 대한 이전지급은 매우 직접적인 이전지급이다.

또한 생산 과정에서 빈곤한 사람들의 제한된 참여는 그들에 대한 보조(재분배)가 경제성장의 주요 원천인 '혁신'(innovation)에 커다란 영향을 미치지 않는다는 것을 의미한다. 제5장에서 논의했듯이 암묵적 재분배와 관련된 규제와 복잡한 규정들은 혁신을 지연시키고, 자원의 배분[23]뿐만 아니라 생산성 증가율에도 영향을 미친다. 반면에 저소득 계층에 대한 '명시적' 재분배는 보통 혁신이 일어나는 과정에는 영향을 미치지 않고 오직 '자원의 분배'에만 영향을 미친다.

---

20) [역자주] 원문에는 수백만 크라운(crown)어치의 재분배라고 표현되었다. 여기서 '크라운'은 몇몇 유럽 국가들의 화폐 단위를 말한다.

21) [역자주] 이러한 이익이나 혜택들은 기업 및 노동자들이 자신들의 조직력을 통해 얻은 결과이다.

22) [역자주] 원문에서 저자는 이러한 배분을 '잘못된(그릇된) 배분'(misallocation)이라고 표현하고 있다.

23) [역자주] 좀더 정확히 말하면, '자원의 정태적(static) 배분'을 말한다.

셋째, 또 하나의 요인은 "'로비하거나 카르텔을 결성할 능력'을 통한 재분배(즉, 암묵적 재분배)로부터 초래되는 손실보다 평등주의적 재분배(즉, 명시적 재분배)로부터 초래되는 손실(이때의 손실은 효율성과 역동성에 있어서의 손실을 말함)이 더 적다"는 점이다. 비록 이 문제가 빈곤한 사람들을 위한 공공프로그램을 관리하는 사람들에게 주어진 행정적 권한과 같은 여러 요인들에 의해 더욱 복잡해지지만 그러한 명시적 이전지급(재분배)은 유권자들의 선호에 의해 제한을 받을 것이다. 이러한 명시적 이전지급들(재분배)은 공적 자금(예산)으로부터 나오기 때문에 유권자들은 그 규모를 알 수 있다. 이는 "장기적으로 그러한 이전지급들이 대다수의 유권자들이 허용하는 것보다 더 커서는 안 된다"는 것을 의미한다. 그러나 재분배의 목적과 크기가 불분명한 재분배(즉, 암묵적 재분배)의 경우에는 이와 같은 제약이 없다.

비록 재분배에 있어서 '합리적 무지'(rational ignorance)가 효율성에 나쁘게 작용하지만 명시적 재분배의 경우 '효율적 재분배' 이론은 과녁에서 그렇게 벗어나지 않는다. 베커(Gary Becker) 교수는 "재분배의 사회적 비용이 증가함에 따라 재분배에 대한 정치적 반대도 커질 것"(이를 '효율적 재분배 이론'이라 함)이라고 주장하였다. 베커 교수의 이러한 주장은 명시적 재분배에 대해서는 확실히 사실이다. 저소득층에 대한 명시적 이전지급(재분배)의 비용이 비교적 투명하기 때문에 명시적 이전지급의 사회적 비용이 증가함에 따라 그러한 이전지급에 대한 정치적 반대도 분명히 증가할 것이다. 이러한 결과는 많은 국가들에서 일어나고 있다. 세계 여러 국가들에서 복지국가(재분배)의 크기와 초과부담(excess burden)이 커짐에 따라 복지국가(재분배)의 성장(팽창)에 대한 반대도 커져 왔다. 빈곤한 사람들을 지원(보조)하기 위한 공적 프로그램들에 대한 정책설계(design)는 시간이 지남에 따라 점차 개

선될 것이다. 또한 사람들의 경험과 통찰력이 축적됨에 따라 각 사회는 빈곤한 사람들을 지원하기 위한 공적 프로그램들(이전지급)로부터 발생하는 '자중손실들'과 그러한 공적 프로그램들이 가지는 '도덕적 가치'를 모두 고려하는 명시적 이전지급 수준에 도달하게 될 것이다.

5. 논의의 요약

결론을 서술하기 전에 본서의 논의를 간단히 요약해 보기로 한다. 그 다음 나의 두 번째 질문인 "각종 재분배에도 불구하고 왜 스웨덴 경제는 더 나빠지지 않는가?"에 대해 '명확히' 대답해 보기로 한다. 나의 첫 번째 질문인 "왜 스웨덴은 더 부유해지지 않는가?"에 대한 대답은 이미 널리 알려져 있다. 이 질문에 대한 대답은 "스웨덴의 지나친 평등주의와 대규모 공공부문에도 불구하고 이들 요인들은 스웨덴의 근로 유인과 저축 유인을 저해하지 않고 있으며, 또한 스웨덴의 자원을 가장 생산적으로 사용·배분하는데 아무런 문제를 발생시키지 않고 있다"는 것이다. 이 대답은 보편적으로 받아들여지고 있다. 그러나 나의 두 번째 질문에 대해서는 아직까지 '보편적인' 대답이 제시되지 못하고 있다. 따라서 두 번째 질문에 대한 정확한 대답을 듣기 전에 우리가 스웨덴 경제에 대해 '일반적으로 말하는 것'에 대해 매우 조심해야만 한다.

비록 현재 스웨덴의 경제성과가 1960년대 후반에 비해 훨씬 덜 인상적으로 보이지만 스웨덴의 1인당 국민소득은 여전히 세계 상위 그룹에 위치해 있다. 그 동안 스웨덴 경제는 후진국과 동유럽 국가들을 능가하였을 뿐만 아니라, 한때 스웨덴을 앞질렀던 몇몇 국가들도 능가하고 있다. 또한 스웨덴의 경제성과를 가장 낮게 평가해 보아도 스웨덴 경제는 아르헨티나, 아일랜드, 영국의 경제성과보다 더 나은 편이다. 그러나 이러한 모든 사회들(국가들)은 스웨덴보다 덜 평등주의적인 재분배와 비교적 더 적은 공공부문들(정부)을 가지고 있었다. 왜 이러한 결과가 발생하는가? 이는 하나의 수수께끼와 같다. 그러한 수수께끼는 다음 사실에 의해 더욱 고조된다. 즉, "최대 복지(재분배)국가들과 저소득층들에 대해 더 적은 재분배를 하는 국가들을 서로 비교해 볼 때, 전자의 국가들(예를 들면, 스웨덴)이 후자의 국가들보다 더 느리게 성장한다는 경향이 강하게 나타나지 않고 있다"는 사실이다. 이러한 두 가지 사실은 스웨덴 경제에 있어서 하나의 수수께끼와 같다.

두 번째 질문에 제대로 대답하려면 진지하면서도 지적으로 정직한 방법이 필요하다. 그 방법은 다름 아닌 '첫 번째 질문에 대한 이미 잘 알려진 대답이 대부분 사실'이라는 점을 깨닫는 것이다. 경제학자들이 예측하는 바와 같이 사람들이 인센티브(incentives)에 반응한다는 사실을 받아들여야만 한다. 경제학자들의 예측에 따르면, 스웨덴에서처럼 고율의 조세가 부과되고 대규모 보조금이 지급되는 경우 이는 사회적으로 커다란 자중손실을 초래할 것이다. 사람들의 인센티브와 관련된 경제분석의 중요성에 대한 또 다른 증거가 있다. 예를 들면, 제2장에서 제시된 국제무역에 관한 실증 자료와 역사적 자료를 들 수 있다. 제2장에서 소규모 국가들에서 보호 조치가 제조업 무역에 미치는 영향에 관한 인상적인 증거를 제시해 주었다. 즉, "제조업에 대한 보호의 정도가 매우 높은 소국(小國)이 국제적으로 경쟁적인 제조업부문을 성공적으로 발전시킨 사례가 없었음"을 보여 주었다. 또한 무역정책에 대한 수량적 자료에 따르면 지역(jurisdiction)과 무역지역

(trading area)의 크기가 크게 확대된 이후에 비로소 급속한 경제성장이 수반되었음을 알 수 있다.

이들 자료를 종합해서 생각해 본다면 보호주의와 경제성과에 대한 자료(즉, 보호주의와 경제성과 간의 관계)는 분명하지만, 복지국가(재분배)의 크기와 경제성장에 대한 자료(재분배의 크기와 경제성장 간의 관계)는 모호하다는 것을 알 수 있다. 다시 말하면, '보호주의와 경제성과 간의 관계'는 분명하지만 '재분배(복지국가)의 크기와 경제성장 간의 관계'는 분명하지 못하다. 이는 하나의 수수께끼와 같으며 당혹스러운 결과이다. '무역 정책(보호주의)을 통한 인센티브의 왜곡'이 '복지재분배를 통한 인센티브의 왜곡'보다 왜 수량적으로 훨씬 더 중요한가?

우선, '효율적 재분배'(efficient redistribution) 이론은 왜 스웨덴과 다른 대규모 복지(재분배)국가들이 현재와 같이 경제성과가 좋은지를 설명해 줄 수 있을 것이다. 효율적 재분배 이론에 따르면 "어떤 종류의 재분배 정책으로부터 발생하는 자중손실이 증가한다면 그러한 재분배에 대한 정치적 반대도 증가하며, 정치적 반대는 추가적 재분배가 더 이상 없을 때까지 증가할 것이다". 따라서 재분배로부터 발생하는 사회적 손실은 일반적으로 매우 적을 것이다. 어떤 효율적 재분배 이론은 "재분배에 대해 상반(상충)되는 이익을 가진 집단들 간의 협상이 당해 집단들의 공동 이익이 극대화되는 점까지 계속되며, 그 결과 당해 사회는 효율성(즉, 효율적 재분배)을 달성할 수 있다"고 가정하고 있다.

그러나 효율적 재분배 이론은 보기보다 그렇게 만족스럽지 못하다. 왜냐하면 두 가지 다른 유형의 소득재분배를 구분하지 못하고 있기 때문이다. 재분배는 '명시적 재분배'(explicit redistribution)와 '암묵적 재분배'(implicit redistribution)로 나눌 수 있다. 특히, 명시적 재분배는 복지국가와 관련된 논의의 중심에 서 있다. 그러나 재분배에는 암묵적 재분배도 있다. 암묵적 재분배는 어떤 정부 프로그램이나 다른 집단행동이 사회 전체의 실질 총소득을 증가시키지 않으면서 소득분배 상태를 변화시킬 때 발생한다. 그러나 그러한 재분배 정책은 국가(사회) 전체나 재분배를 추구하는 집단 이외의 다른 집단들에게 이익이 돌아갈 것이라는 전제 하에서 정당화된다. 예를 들면, '국가경제 전체를 튼튼하게 할 것'이라고 주장하면서 입안(채택)되는 각종 보호 정책들과 경쟁제한 조치들을 들 수 있다. 그러나 이러한 보호 정책들과 규제 조치들은 실질적으로 보호 조치나 경쟁제한을 추구하는 집단에 이익이 되도록 소득분배를 변화시킨다. 이러한 보호 정책들과 경쟁제한 조치들을 '암묵적 재분배'라 부른다.

각종 소득재분배들로부터 발생하는 사회적 손실은 대부분 재분배 정책들에 대해 부가되거나 가해지는 조건들(conditions)이나 기준들(criteria)로부터 발생한다. 경쟁시장을 갖춘 효율적 경제 내에서 활동하는 어느 한 개인에 대해 아무런 조건 없이 현금이 지급된다면 이는 당해 수령자의 인센티브에 아무런 영향을 미치지 않을 것이다. 왜냐하면 당해 현금 수령자는 현금 지급을 받은 후에도 계속해서 자신이 가진 모든 자원을 가장 생산적으로 사용·배분하려 할 것이기 때문이다. 반면에 ① 공식적으로 특정 산업, 직업, 또는 지역에 있는 사람들에게만 한정되는 재분배(또는 조건이 붙은 재분배)나, ② 상대 가격의 변화를 초래하는 재분배는 재분배 수령자들의 인센티브를 왜곡시키며, 그 결과 사회적 비용을 증가시킨다.

실질적으로 이루어지는 재분배들과 이들이 실제적으로 실시되는 방식들은 놀랍게도 사람들의 '합리적 무지'(rational ignorance)에 달려 있다. 합리적 무지란 “일반 시민들이 공무(public affairs)를 면밀히 조사하는 데 많은 시간을 쓰지 않음으로써 자신들의 이익에 최대한 충실하지 않으며, 그 결과 공공정책에 대해 무지하게 되는 것”을 말한다. 일반 시민들의 합리적 무지로 인해 어떤 조직화된 집단은 대다수의 유권자들이 허용해 주지 않는 특정 재분배를 암암리에 획득할 수 있다. 만일 대다수의 유권자(시민)들이 충분한 정보를 가지고 있다면 그들은 분명히 그러한 재분배를 허용하지 않을 것이다. 따라서 어떤 재분배가 ‘사회(국가) 전체를 튼튼하게 한다’는 명분으로 고안되었지만 당해 재분배의 수령자들이 비교적 부유한 사람들이라도 일반 투표자들이 합리적 무지에 빠져 그러한 재분배를 인식하지 못하는 경우, 그러한 재분배는 정치적으로 실행 가능해질 수 있다. 만일 투표자들이 당해 재분배에 대해 잘 알고 있다면(또는 시민들이 합리적 무지 상태에 있지 않다면) 부유한 사람들은 이타적인(altruistic) 이유로 자신들에게 그러한 이전지급(재분배)이 이루어지도록 유권자들을 설득할 수 없을 것이다. 그러나 시민들이 합리적 무지 상태에 있다면 부유한 사람들은 정치적으로 그러한 재분배를 획득할 수 있을 것이다.

집단행동을 할 수 있는 능력은 주로 안정적인 집단들(established groups)에게서 발견되며, 또 저소득층들보다 고소득층들(부유한 사람들)에게서 더 강하다. 왜냐하면 집단행동은 ① ‘소수의 회원들’(small members)을 가지고 있거나(예를 들면, 집중도가 높은(응집력이 강한) 산업부문에 종사하고 있는 대기업들), ② ‘선택적 유인들’(selective incentives)을 가지고 있는 집단들에서만 가능하기 때문이다(선택적 유인들은 대개 비교적 안정적인 집단들에 속해 있는 회원들에게만 제공된다). 반면에 사회의 최하위에 속해 있는 집단들(예를 들면, 빈곤한 사람들과 실업자들)이나 다른 집단들(예를 들면, 소비자들이나 납세자들)은 사실상 결코 집단적으로 행동하지 못할 것이다.

이는 "집단적으로 행동할 수 있는 능력을 가진 대부분의 집단들은 궁핍을 이유로 '명시적' 재분배를 획득할 수 없다"는 것을 의미한다. 그 대신 이들 집단은 암묵적 재분배를 획득하기 위해 자신들이 가진 힘을 사용해야만 한다. 다시 말하면, 이들 집단은 자신들이 가진 힘을 사용하여 암묵적 재분배를 획득할 수 있다. 그러나 시민들의 '합리적 무지' 때문에 그들 집단은 사회 전체를 위한다는 명분으로 결코 재분배적이지 않은 정책들과 집단행동들을 통해 자신들에게 큰 이익을 가져다주는 재분배를 종종 획득할 수 있다. 대개 그러한 재분배들은 눈에 잘 띄지 않아서 합리적으로 무지한(rationally ignorant) 유권자들에 의해 잘 인식되지 않는다. 따라서 조직화된 이익집단들은 '무조건적인 현금 이전지급'(unconditional cash transfer) 대신에 특수한 조건들이 붙어 있는 재분배들을 선호한다. 그러한 조건들은 대개 일반 사회적 목적을 가지고 있는 것처럼 보인다. 이상적으로 재분배를 노리는 집단들은 '정부 예산으로부터의 현금 이전지급' 대신에 '상대 가격을 (자신들에게 유리하도록) 변화시키는 정책들'을 원한다. 어느 한 사회 내에 있는 소득획득자들 중 아주 소수만을 대표하는 소규모 집단들은 비록 사회적 비용이 분배경쟁에서 획득되는 금액(분배액)보다 몇 배 더 크더라도 그러한 재분배를 추구하려 할 것이다.

"수많은 집단들이 집단행동을 결성할 수 없다"는 사실은 곧 "대부분의 경우에 재분배들로부터 손해를 보는 사람들이 집단적으로 행동할 수 없다"는 것을 의미한다. 이로부터 다음 사실을 유추할 수 있다. 즉, '재분배로부터 이익을 얻는 사람들(gainers)과 손해를 보는 사람들(losers) 간에 협상이 전혀 없거나 거의 없으며, 그 결과 재분배의 사회적 비용을 낮추려는 협상도 전혀 없거나 거의 없을 것'이라는 점이다. 이 점은 조직화된 집단들이 비교적 사회적 비용이 크지만 불투명하고 조건적인 재분배를 선택하려는 유인과 함께 효율적 재분배 이론이 암묵적 재분배에 대해서는 틀리다(적용되지 않는다)는 것을 의미한다.

고밀도(high density)의 소규모 분배집단들(narrow distributional coalitions)을 가진 사회들이 그렇지 않은 사회들에 비해 소득 수준과 경제성장률이 더 낮다. 특히, 제조업 보호의 정도가 높은 소국들의 경우에 암묵적 재분배 수준이 높다. 왜냐하면 보호 장벽의 혜택을 받고 있는 집중도가 높은 산업들은 비교적 쉽게 가격을 조작할 수 있기 때문이다. 또한 그러한 산업들 내에서 '카르텔화된 노동력'은 비교적 아무런 제약 조건이 없이도 분배집단을 결성하여 재분배를 획득할 수 있다. 이러한 사실은 제2장에서 제시한 국제무역에 대한 여러 결과들을 설명하는 데 유용하다. 이제까지 다른 경제학자들이 수행한 '암묵적 재분배의 사회적 비용'과 관련된 수많은 수량적 연구 결과들과 함께 이러한 사실들은 본서에서 제시된 이론을 지지하고 있음을 알 수 있다.

스웨덴이 확실히 암묵적 재분배로부터 커다란 손실을 보고 있다. 그러나 다른 국가들과 비교해 볼 때 스웨덴의 재분배로 인한 손실이 더 크다고는 말할 수 없다. 왜 그런가? 여기에는 여러 이유들이 있다. 첫째, 스웨덴은 다른 국가들에 비해 제조업 보호의 정도가 비교적 낮다. 둘째, 스웨덴은 다른 국가들에 비해 경제지력(經濟知力, economic understanding)의 수준이 비교적 높다. 셋째, 스웨덴은 많은 '망라' 집단들을 가지고 있다. 이러한 요인들은 일부 다른 국가들에서처럼 스웨덴의 경우에서도 암묵적 재분배 조치들이 각종 사회 통제들(social controls)로부터 피해 갈 수 없다는 것을 의미한다. 결국, 그러한 요인들은 시민들이 합리적 무지로부터 벗어나게 해주는 역할을 한다.

대개 암묵적 재분배는 명시적 재분배보다 혁신활동을 더 늦추고, 사회적 총비용을 더 증가시킨다. 이는 부분적으로 암묵적 재분배가 시민들의 '합리적 무지'를 교묘히 이용하고 있고, 투명하지 않기 때문이다. 암묵적 재분배는 재분배가 특정 산업이나 특정 활동에 종사하고 있는 사람들에게만 돌아가도록 하기 위하여 조건이나 기준이 필요하며, 이는 자원배분을 왜곡시키는 요인이 된다. 또한 암묵적 재분배의 투명성 부족은 재분배로 인한 사회적 비용이 과도해질 때 명시적 재분배보다 삭감하기 더 어렵다는 것을 의미한다. 반면에 이타적 이유로 생겨난 '명시적' 재분배는 종종 재분배의 사회적 비용을 제한하는 특별한 요인들을 가지고 있다. 즉, 명시적 재분배의 수령자들이 일반적으로 사회 내에서 가장 생산적인 사람들이 아니며, 그 결과 이들에 의한 자원배분은 생산적인 사람들에 비해 더 적은 사회적 손실을 초래한다. 이들은 보통 자신이 가진 시간을 초과해서 자원을 사용하지 않으며, 그 결과 중간재와 보조 투입물은 거의 잘못 배분되지 않는다. 또한 이들의 생산 과정에서의 제한된 참가는 이들에 대한 지원(재분배)이 혁신율(innovation rate)에 거의 영향을 미치지 않는다는 것을 의미한다. 물론 혁신율은 경제성장률의 주요 결정 요인이다.

비록 두 번째 질문에 대한 최종 대답은 추가적인 연구 결과가 나올 때까지 기다려야 하지만, 우선 나는 한 가지 '임시적인 대답'을 제시하기로 한다. 이는 스웨덴에 대해 나보다 훨씬 더 많이 알고 있는 사람들의 생각과 연구를 촉진시키는 데 약간의 도움을 주기 위함이다. 스웨덴은 대부분의 다른 국가들보다 명시적 재분배로부터 다소 더 큰 손실을 볼지도 모른다. 그러나 명시적 재분배는 이념적 논의에서 주장되는 것보다 경제성과에 그다지 큰 영향을 미치지 않을 것이다. 많은 국가들에서 '암묵적' 재분배가 명시적 재분배보다 자국의 경제에 더 큰 영향을 미친다. 비록 스웨덴에서 '암묵적' 재분배로부터 발생하는 손실이 분명히 크지만 그렇다고 해서 그 손실이 다른 국가들에서만큼 크다고 가정할 아무런 이유가 없다. '암묵적' 재분배로부터 발생하는 사회적 손실이 종종 명시적 재분배로부터의 사회적 손실보다 훨씬 더 크기 때문에, '암묵적' 재분배 수준이 예외적으로 매우 높은 경제(국가)들은 비교적 경제성과가 나쁜 편이다. 그러므로 스웨덴은 명시적 재분배 수준이 높음에도 불구하고 경제성과 면에서 암묵적 재분배 수준이 높은 국가들을 능가하거나 최소한 비슷한 수준을 유지할 수 있다. 따라서 이러한 이유로 나는 '스웨덴 경제가 더 나빠지지 않고 있다'고 생각한다.

또한 본서의 논의로부터 유도되는 한 가지 추가적 발견은 다음과 같다. 즉, "어떤 사회(국가)가 일반적으로 좋은 정책들(good policies)을 가지고 있고 도덕적 정당성을 갖추지 못한 각종 재분배 정책들을 피할 수 있다면, 그러한 사회(국가)는 사회적 역동성(또는 활력)과 경제번영을 이룩하면서도 동시에 빈곤한 사람들에게 충분한 재분배를 제공해 줄 수 있다"는 점이다. 다시 말하면, 어떤 사회가 좋은 정책들을 가지고 있고 도덕적으로 정당하지 못한 재분배 정책들을 피할 수 있다면, 그러한 사회는 빈곤한 사람들에게 충분한 재분배를 제공해 줄 수 있을 뿐만 아니라 사회적 역동성과 경제번영도 함께 이룩할 수 있다.

6. 좋은 것도 지나치면 나쁜 법이다: 비선형적 관계와 시차 문제

나는 이제까지 나의 논의가 균형이 잘 잡혔는지, 치우침이 없이 공정했는지, 그리고 정치적 신조가 다른 많은 사람들에게 어느 정도 유익했는지 등에 대해 매우 염려스럽게 생각한다. 또한 나는 본서의 논의가 너무 멀리 나아가지는 않았는지에 대해서도 걱정이 된다. 이러한 염려와 걱정은 다음 추론에 의해 더욱 고조된다. 즉, 평균 이하의 소득을 가진 사람들(즉, 저소득층들)을 지원해야 한다는 도덕적 염려가 곧 평균 이하의 소득을 가진 사람들을 평균 소득 수준으로 끌어올리기에 충분할 정도의 이전지급이 필요하다는 것을 내포하고 있을지도 모른다. 만약 아무도 평균 이하의 소득을 가지고 있지 않다면 아무도 평균 이상의 소득을 가질 수 없을 것이다. 이러한 경우는 소득의 모든 불평등을 제거하기 위한 조세 및 이전지급 제도에 의해 달성될 수 있을 것이다. 그러한 제도는 물론 사람들이 소득을 획득하려는 모든 유인들을 없애 줄 것이다.

이러한 극단적인 경우는 다음 사실을 일깨워 주는 데 유용하다. 즉, "평등주의적 동기(egalitarian motives)에 의해 창출된 소득재분배로부터 초래되는 사회적 손실이 주로 재분배되는 소득에 달려 있다"는 점이다. 앞에서 제시된 논의와 증거에 따르면 "어떤 사회가 개방적이고 경쟁적이면 그 사회(국가)는 사회적 역동성을 잃지 않고서도 가난한 사람들의 빈곤을 크게 줄일 수 있다". 서구 선진사회에서 발생한 '경화증'(硬化症, sclerosis)은 주로 빈곤을 완화하기 위한 노력들의 결과가 아니라 다른 원인들의 결과이다. 즉, 서구 선진사회의 '성장 경화증'은 주로 재분배 정책의 결과가 아니라 다른 원인들에서 비롯되었다.

그러나 어떤 사회에서 평등주의적 재분배(egalitarian redistribution)가 어느 수준을 초과하여 추가적으로 이루어지면, 이는 그 사회에 과도하게 큰 사회적 비용을 초래할 것이다. 이전지급(재분배)이 매우 크다면 조세 또한 인상되어야 하며, 이로 인해 발생하는 조세의 초과부담(excess burdens)과 모험 및 혁신에 미치는 나쁜 효과도 커질 것이다. 더구나 평등주의적 재분배에 내재된 조건으로 인하여 당해 재분배 수령자가 스스로의 노력으로 상당한 소득을 번다면 그(또는 그녀)는 이전지급을 받을 수 있는 권리(entitlement)를 상실하게 된다. 이는 다음 사실을 내포하고 있다. 즉, 만약 재분배(이전지급)가 사람들 간의 모든 불평등을 제거하는 수준으로 증가한다면, 이때 재분배(이전지급)로 인한 사회적 비용은 비선형적으로(급격하게) 증가하게 될 것이다. 어떤 사회(국가)가 가장 빈곤한 5%의 사람들을 보조한다고 해서 그 사회가 가진 사회적 역동성을 상실하지는 않을 것이다. 빈곤한 사람들의 불운과 무능은 그들이 할 수 있는 생산 및 혁신활동을 제한할지도 모른다. 그러나 나머지 95%의 사람들로부터 풍부한 산출물이 생산될 수 있을 것이다. 그러나 어떤 사회가 이전지급(재분배)을 통해 평균 소득 이하에 있는 5%의 사람들을 평균 소득 수준으로 끌어 올릴 수 있다면 모든 사람들의 소득은 거의 같아질 것이고, 그 결과 생산 및 혁신 유인은 거의 사라질 것이다. 따라서 이러한 사회에서 이전지급(재분배)의 증가는 효율성과 혁신을 지나치게(비선형적으로) 떨어뜨릴 것이다.

앞에서 나는 독자들에게 다음의 '상투적인 가정'에 대해 경고하기 위하여 단지 몇 가지 예증적인 자료들만 제시하였다. 연구자들이 상투적으로 하는 가정에 따르면, "복지국가의 대규모 성장은 경제성과에 영향을 미치는 여러 다른 요인들을 압도한다". 다시 말하면, 경제성과에 영향을 미치는

[그림 6-1] 연간 GDP 성장률과 사회보장 이전지급 비율: 1980~1987년 간 평균

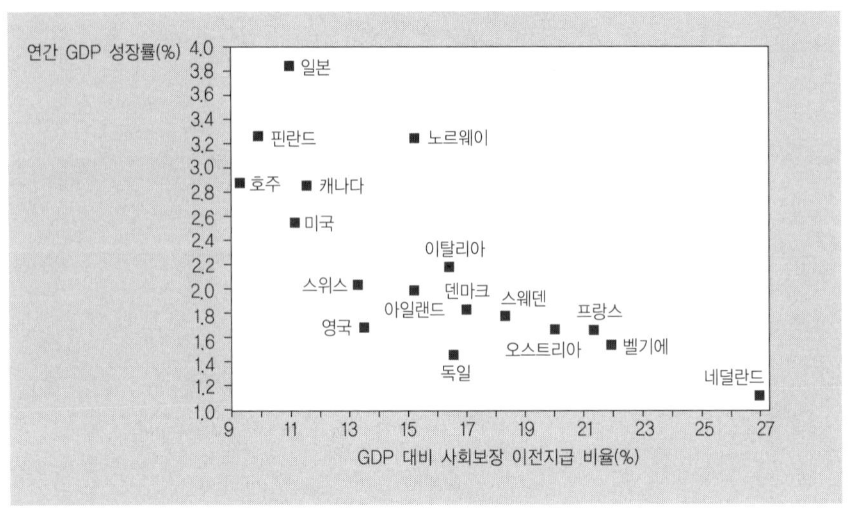

여러 요인들 중에서 '복지국가의 대규모 성장'이 경제성과에 가장 큰 영향을 미친다고 가정하고 있다. 설명의 편의를 위해 제시되는 자료가 임의적 또는 일방적으로 해석되지 않도록 하기 위하여 여기서 나는 기존의 상투적인 가정과 상반되는 몇 가지 추가적 자료를 제시하고자 한다. [그림 6-1]과 [그림 6-2] 그리고 [표 6-1]은 이러한 가정과 상반되는 자료들이다. [그림 6-1]에서 두 변수 간의 관계가 어느 정도 음(-)의 선형성을 보이고 있지만, [그림 6-2]는 두 변수 간의 관계가 선형적이지 않음을 볼 수 있다. 또한 [표 6-1]에서 보여 주듯이 1980~1987년 간 정부 규모와 경제성장에 대한 수치들에 따르면 공공부문(정부)의 규모가 큰 국가들(예를 들면, 스웨덴, 덴마크, 네덜란드, 아일랜드 등)이 공공부문(정부)의 규모가 작은 국가들(예를 들면, 일본, 스위스, 핀란드, 호주, 미국 등)에 비해 더 느리게 성장하고 있는 것처럼 보인다. 그러

[그림 6-2] 연간 GDP 성장률과 경상지출 비율: 1980~1987년 간 평균

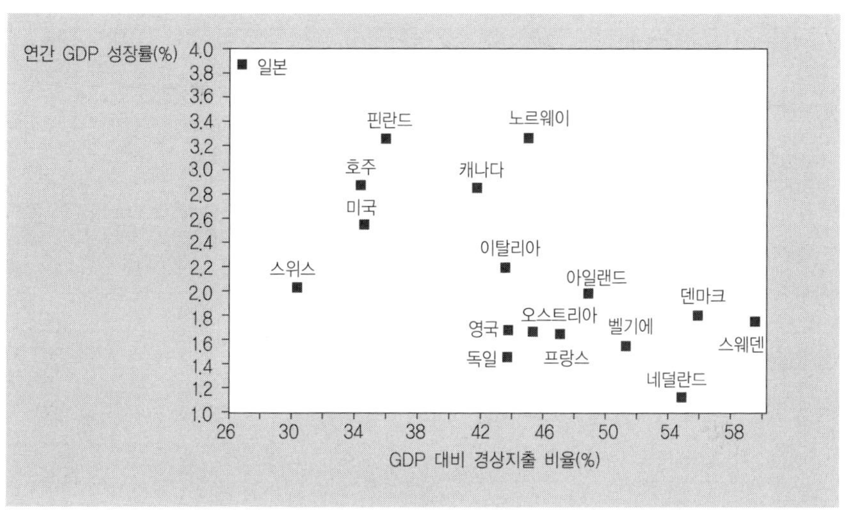

나 이러한 자료들은 분석 기간이 짧고 불충분하기 때문에 아무 것도 입증해 주지 못하고, 단지 한 가지 유용한 질문만 제기해 줄 뿐이다. 즉, 이 자료는 재분배로 인한 사회적 비용이 1950년대와 1960년대 초에 비해 '최근에 더 커졌을지도 모른다'는 가능성을 암시해 주고 있다.

오늘날 스웨덴의 평등주의적 재분배들은 어떠한가? 이제까지 내가 제시한 논의를 바탕으로 '오늘날 스웨덴의 평등주의적 재분배'를 설명할 수 있는가? 이제까지 나는 "안정적인 집단들과 비교적 부유한 집단들이 획득하는 재분배들로부터 초래되는 사회적 비용과 비교해 볼 때 평등주의적 재분배(즉, 평등주의적 동기로 빈곤한 사람들에게 제공되는 재분배)가 매우 적은 사회적 비용을 초래한다"고 주장해 왔다. 이러한 나의 주장이 오늘날 스웨덴의 평등주의적 재분배들을 어느 정도 설명할 수 있을까? 오늘날 스웨덴의

[표 6-1] 정부 규모와 경제(GDP)성장: 1980~1987년 간 평균

(단위: %)

	연간 GDP 성장률	정부소비	사회보장 이전지급	정부지출	경상지출	총지출
호주	2.87	18.5	9.3[a]	27.8	34.2[a]	37.3[a]
오스트리아	1.67	18.7	20.0	38.7	45.3	51.1
벨기에	1.56	17.5	21.9	39.4	51.3	53.9
캐나다	2.86	20.0	11.6	31.6	41.9	45.2
덴마크	1.83	26.4	17.0	43.4	55.9	59.1
핀란드	3.27	19.5	10.0	29.5	35.9	39.8
프랑스	1.67	19.1	21.3	40.4	47.1	50.6
아일랜드	2.00	19.0	15.3[a]	34.3	49.0[a]	54.0[a]
이탈리아	2.21	16.1	16.5	32.6	43.6	48.2
일본	3.85	9.8	11.0	20.8	26.7	33.3
네덜란드	1.12	17.0	27.0	44.0	54.9	60.2
노르웨이	3.26	19.3	15.2	34.5	45.0	48.3
스웨덴	1.79	28.1	18.3	46.4	59.8	63.8
스위스	2.04	13.1	13.3	26.4	30.3	30.3
영국	1.70	21.4	13.5[a]	34.9	43.8[a]	46.9[a]
미국	2.55	18.2	11.2	29.4	34.6	35.9
독일(서독)	1.46	20.1	16.6	36.7	43.8	48.0

주: 1) 개념의 정의와 자료의 원천에 대해서는 [표 1-1]을 참조하기 바람.
2) 상첨자 a는 1980~1986년간 평균을 나타냄.

평등주의적 재분배들이 터무니없이 큰 사회적 비용을 초래하지는 않는가?

물론 이러한 질문들은 쉽게 대답될 수 있는 성질의 것이 아니다. 이들 질문들에 대해서는 내가 아니라 스웨덴 사람들이 대답해야 할 것이다. 더구나 이 질문들에 정확히 대답하려면 여기서 내가 언급하지 않은 여러 중요한 문제들을 고려해야만 한다. 일반적으로 그러한 문제들은 복지국가에

대한 스웨덴의 연구 문헌들 속에 잘 분석되어 있다. 따라서 내가 이들을 다시 언급할 이유는 없는 것 같다. 본서의 목적은 과거 논쟁들을 해결하거나 기존 문헌들을 요약하는 데 있지 않다. 그 대신 스웨덴의 복지국가에 대해 잘 알고 사람들이 문제의 양면을 더 잘 이해할 수 있도록 '새로운 관점'을 소개하는 데 있다.

이제까지 논의한 정부 규모와 경제성장 간에 비선형적인 관계가 존재한다는 것을 인정한다면, 앞에서 잠시 언급한 '시차'(time lags)에 대한 논의가 너무 단순하다는 것을 알 수 있다. 1930년대 또는 1950년대 스웨덴의 평등주의적 재분배가 가져다준 부정적 효과에 대해서는 이미 충분히 느꼈다고 생각한다. 그러나 스웨덴에서 1970년대 후반과 1980년대에 실시된 대규모 재분배에 대한 완전한 효과를 알기에는 아직 이르다.[24] 따라서 평등주의적 재분배의 효과를 제대로 파악하려면 어느 정도 시간이 걸린다.

7. 오로라는 얼마나 밝은가?: 오로라는 여전히 존재하지만 그렇게 밝지는 못하다!

나는 본서를 통해 다음과 같은 나의 신념을 전달하고자 하였다. 즉, "어느 한 사회가 지능적인(intelligent, 공개적이고 투명한) 정책과 제도들을 가지고 있다면 그 사회는 ① 빈곤을 막을 수 있고, ② 빈곤한(가장 운이 나쁜) 시민들에게 충분한 재분배(이전지급)를 제공해 줄 수 있으며, 그럼에도 그 사회는 번창하고 역동성을 유지할 수 있다". 어떤 사회(국가)가 정책과 제도를 공개

24) [역자주] 참고로 본서는 1986년에 쓰여졌다.

적이고 투명하게 고안한다면 그 사회는 '빈곤한 사람들에 대한 재분배' (명시적 재분배)와 '경제번영'을 동시에 달성할 수 있다. 다시 말하면, "만약 어느 한 사회가 외국 제품들(수입품)에 대해 시장을 개방하고, 특수이익집단을 위한 입법과 기업들의 카르텔 및 담합 등을 피할 수 있다면, 이 사회는 재분배(이전지급)를 통해 가난한 시민들의 빈곤을 크게 완화시키면서도 동시에 혁신적(역동적)이고 경제번영을 이룩할 수 있다". 나는 이제까지 나의 이러한 확신을 제대로 전달해 왔다고 생각한다. 나의 이러한 확신은 '스웨덴 복지국가'의 기본 이상과 일맥상통한다고 할 수 있다. 따라서 나는 "오로라가 정말로 존재한다"고 확신한다. 오로라는 실로 아름다울 뿐만 아니라 이들 사회가 나아갈 대략적인 방향을 제시해 주기도 한다. 그러나 만약 어떤 사회가 추가적 광원(光源, 재분배의 재원) 없이 앞으로 돌진하려 한다면 오로라는 서서히 파국으로 빠져드는 사회를 구할 수 있을 만큼 그렇게 밝거나 안정적이지는 못하다. 따라서 오로라는 여전히 존재하지만 그렇게 밝지는 못하다!

올슨(Mancur Olson) 소개

올슨은 그의 나이 20대 초반인 1950년대 초에 유럽 지역을 여행하면서 당시 서독(지금의 독일)은 경제적으로 번창하는데 영국은 침체를 겪고 있음을 목격하고 그 이유가 무엇인지에 대해 궁금해 하였다. 1950년대 초반 당시 서독은 제2차 세계대전에서 패배하였지만, 영국은 2차 대전의 승리자로 군림하고 있었다. 이들 두 나라는 많은 중요한 면에서 유사성을 가지고 있었다. 그런데 왜 두 나라의 경제적 성과는 서로 다른가? 올슨은 이 문제를 풀기 위해 자신의 전 생애를 바치게 되었다.

이로부터 10여 년 후인 1965년(당시 그의 나이 33세)에 마침내 올슨 교수는 국가들 간의 경제적 성과가 다른 이유에 대한 해답을 제시하기 위한 노력의 일환으로서 첫 번째 연구 결과를 내놓았다. 1965년 올슨 교수는 『집단행동의 논리』(*The Logic of Collective Action*)라는 불후(不朽)의 명저(名著)를 출간하였다. 『집단행동의 논리』는 올슨 교수의 경제학에 대한 기여 중에서 가장 위대한 것으로 평가받고 있다. 올슨 교수는 이 책을 통해 사람들이 자신의 이익을 위해 단결하고 결탁하려는 유인에 대해 심도 있게 고찰하였다. 즉, '왜 사람들은 이익을 얻기 위해 단결하고 결탁하려는지'에 대해 본격적으로 연구하게 되었다. 예를 들면, 5개의(또는 소수의) 자동차 회사들은 공동의 이익을 얻기 위해 카르텔이나 로비집단을 결성하기가 비교적 용이할 것이다. 왜냐하면 각 회사는 '가격 인상'(이를 '집합재'라 함)이나 '정부 보조금'(이를 '집합적 혜택'이라 함)으로부터 발생하는 이익 중에서 대략 5분의 1씩을 가져갈 수 있기 때문이다. 그러나 이들에 맞서 싸우기 위해 500만 운전자들을 조직화하거나 단결하는 일은 매우 어려울 것이다. 왜냐하면 각 운전자는 다른 운전자들의 노력이나 수고에 무임승차(free ride)하려 하기 때문이다. 그 결과 어느 운전자도 로비집단에 가입함으로써 그다지 큰 이익을 얻지 못할 것이다. 따라서 올슨 교수는 소규모 집단들과 대규모 집단들 간에 집단 결성의 유인이 서로 다르다는 사실을 깨닫게 되었다.

이러한 집단 결성의 유인을 바탕으로 내린 올슨 교수의 결론은 놀라울 정도로 예리한 통찰력을 제시하여 그 당시 학계에 신선한 충격을 던져 주었다. 즉, 올슨 교수는 "소규모(narrow)의 이기적인(self-serving) 집단들이 대규모(broad) 집단들에 비해 생래적(生來的)인 이점을 가지고 있다"고 주장하였다. 여기서 대규모 집단들이란 사회 전체의 후생(공동이익)에 대해 염려하는 집단을 말한다. 이러한 올슨 교수의 예리한 통찰력은 국가들의 운명(즉, 번영과 침체 또는 흥망성쇠)을 어떻게 설명할 수 있는가? 『집단행동의 논리』가 발간된 지 17년 후인 1982년(당시 그의 나이는 50세)에 올슨 교수는 『국가의 흥망성쇠』(*The Rise and Decline of Nations*)라는 또 하나의 불후의 명작을 세상에 내놓게 되었다. 올슨 교수는 『국가의 흥망성쇠』를 통해 국가들의 번영과 침체의 원인에 대한 해답을 제시하였다.

올슨 교수에 따르면 모든 인간 사회에서 소규모 카르텔들과 로비집단들이 점진적으로 결성 및 누적되어 한 나라의 활력을 약화시키게 된다고 주장하였다. 그러나 전쟁이나 다른 대재난들이 일어난다면 압력집단들의 창궐(猖獗)을 일소(一掃)할 수 있다. 이러한 결과는 독일과 일본에서는 일어났지만, 영국에서는 발생하지 않았다. 독일과 일본의 경우 제2차 세계대전의 패배로 인해 기존의 압력(이익)집단들이 모두 파괴되었지만, 영국의 경우는 비록 전쟁에서 물리적으로 큰 손상을 입었지만 많은 과거의 제도들이 그대로 유지 · 존속하게 되었다. 그러면 전쟁이나 대격변이 없이도 압력집단들이 일소될 수 있는가? 올슨은 '가능하다'고 대답하고 있다. 즉, 한 국가의 국민들이 그 폐해를 인식하고 과감한 개혁조치들을 지지하는 경우에만 전쟁이나 대격변이 없이도 압력집단들의 편협성(parochialism, 소규모 로비집단들의 이기주의)을 분쇄할 수 있을 것이다. 이러한 점들을 오늘날 경제학이나 정치학을 공부하는 학생들에게 설명하면 그들은 이를 당연하다고 생각할 것이다. 그러나 이러한 생각들은 올슨 교수의 통찰력과 연구에 의해 오늘날 학생들에게 '당연시' 여겨지고 있다.

올슨 교수는 미국의 농업 중심지인 노스다코타(North Dakota) 주에서 태어났다. 그의 부친은 비록 정규 교육을 제대로 받지 못했지만 지적 능력이 뛰어났던 것으로 여겨지며, 북 대초원 지역에서 딱딱하고 붉은 색의 봄밀을 재배하며 생계를 유지하였다. Mancur는 그 기원이 불확실한 그 고장의 이름으로서 맨커가 아니라 '맨슈어'로 발음된다. 올슨 교수 자신은 Mancur라는 이름이 'mansour'에서 유래되었다고 추측하였고, mansour는 '승리의'라는 아라비아 단어이다. mansour라는 단어가 올슨이 살았던 미국의 레드강(Red River) 계곡에 어떻게 흘러들어 왔는지는 하나의 수수께끼였고, 올슨은 이 수수께끼를 끝까지 풀지 못했다고 전해진다. 올슨 교수는 49명의 학생들뿐인 노스다코타 지방 중학교에서 공부하였고, 노스다코타 주립대학을 졸업하고, 로즈(Rhodes) 장학금으로 영국의 옥스퍼드대학에서 공부한 후 하버드대학에서 박사학위를 취득하였고, 마침내 메릴랜드대학에서 자신의 학문 생애의 대부분을 보내게 되었다. 올슨 교수는 한때 정계에 입문하려 했던 것으로 여겨지며, 실제로 미 연방정부(보건교육후생부)에서 일하기 위해 워싱턴에서 2년 동안 머무른 적이 있다. 그러나 오늘날 올슨 교수의 존재를 있게 한 것은 현실 정치에서의 활동이 아니라 '경제학의 이론적 격자'(格子, lattice; 이론적 틀)이었다고 할 수 있다.

올슨 교수는 『국가의 흥망성쇠』에서 정치학과 경제학을 통합하였다. 올슨 교수의 설명에 따르면 소규모(parochial) 로비집단들이 조직 · 결성됨에 따라 각 집단은 대개 정부의 편애와 도움으로 자신의 회원들에게만 돌아가는 혜택을 획득하려 하거나 또는 그러한 혜택들을 필사적으로 방어(보호)하려 한다. 예를 들면, 소규모 로비집단들은 정부로부터의 보조금, 보호무역, 기타 경제적 왜곡들을 초래하는 정책들을 획득하려 하며, 이 과정에서 정부 시스템이 어떻게 작동하는지를 잘 알고 있는 변호사들, 관료들, 로비스트들 등과 같은 전문 계층으로 희소한 자원들(예를 들면, 금전이나 뇌물)이 이전된다. 또한 이와 같이 '재분배를 획득하기 위한 투쟁'이 생산적인 경쟁을 대체하게 된다. 이에 올슨 교수는 만약 이러한 병리적 현상들에 대한 치료약이 투여되지 않는다면 필연적으로 '경제적 쇠퇴'가 초래된다고 예측하였다.

이에 올슨 교수는 생애 후반기부터는 소규모 로비집단들(즉, '특수이익집단들')이 가져다주는 병폐들을 치유하기 위한 '치료약' 개발에 연구의 초점을 맞추게 되었다. 특히, 올슨 교수는 빈곤한 국가들의 운명(國運)을 개선시키는 데 있어서 '건전한 제도들'과 '합리적인 정책들'이 차지하는 중요성을 강조하였다. 왜냐하면 많은 빈곤한 국가들은 이기적인 지배계급(또는 통치계급)의 고착화된 약탈행위에 의해 쇠퇴해졌기 때문이다. 또한 올슨 교수는 재산권과 계약의 안전, 합리적인 경제정책들이 국가의 번영과 빈곤을 결정지우는 핵심 요소라고 주장하였다. 이들 요소는 자본스톡, 천연자원, 교육, 또는 기타 경제학 교과서에 나오는 요인들보다 훨씬 더 중요하다고 생각하였다. 올슨 교수의 이러한 주장은 멕시코의 어느 한 노동자가 단순히 멕시코 국경을 넘어 미국에 이주해 가는 것만으로도 그의 생산성이 왜 그렇게 증가하는지를 설명해 주는 데 유용하다. 물론 그 이유는 멕시코에 비해 미국의 제도와 정책들이 더 우수하기 때문이다. 이러한 점에 대한 올슨 교수의 투철한 신념과 열정은 마침내 1990년 '제도개혁 및 비공식부문 연구소'(Center for Institutional Reform and Informal Sector)를 설립하는 주된 계기가 되었다. 이 연구소는 공산주의 몰락 후 후진국 상태에 있는 국가들이 도약할 수 있는 길을 모색하는 데 도움을 주고자 설립되었다.

만약 올슨 교수가 더 오래 살았더라면 '집단행동의 이론'에 대한 탁월한 업적으로 (약간의 논란은 있을 수 있지만) 노벨경제학상을 수상했을지도 모른다. 몇몇 경제학자들은 올슨 교수를 '한 가지 아이디어만 가진 사상가'(one-idea thinker)로 간주하기도 한다. 또한 이들은 더 심하게 말해서 올슨 교수의 아이디어는 '경제학 밖에서'(예를 들면, 정치학) 더 큰 반향을 불러일으켰다고 소곤거리기도 한다. 이러한 비난은 적절치 못한 것 같다. 올슨 교수는 한 국가의 생애에 있어서 편협성(parochialism)이 나쁘다고 생각했을 뿐만 아니라 한 사람의 생애에 있어서도 편협성이 나쁘다고 생각하였다. 올슨 교수는 생전에 "여러분 주위에서 흥미롭고(interesting) 중요한(important) 문제 하나를 찾아 그에 대한 해답을 찾아보라"고 말한 적이 있다. "이는 내가 나 자신에게 주는 충고인 동시에 다른 모든 사람들에게 주는 충고이기도 하다."[1] 이는 올슨 교수의 '한 우물을 깊이 파는 열정' 또는 '천착하는 정신과 태도'를 단적으로 보여 주는 말이다.

또한 뉴욕타임즈(*The New Yok Times*)는 올슨 교수의 서거를 애도하며 다음과 같이 소개하였다.[2]

맨슈어 올슨 교수는 메릴랜드대학의 저명 경제학자로서 '특수이익들을 대표하는 집단들이 경제성장에 어떻게 영향을 미치는지'에 대한 그의 연구로 오랫동안 많은 사람들로부터 널리 존경을 받아 왔다. 불운하게도 올슨 교수는 1998년 2월 19일에 갑자기 사망하였다. 그의 사망원인은 급작스런 심장마비로 알려지고 있다.

올슨 교수의 첫 번째 직장은 프린스턴(Princeton)대학으로 경제학과에서 조교수로 일했고, 워싱턴에서 미 '건강교육복지부'의 부차관보로 2년간 근무하였다. 그러나 경력의 대부분은 정부에서의 관직을 떠난 직후인 1969년부터 봉직한 이래 거의 30년간 보냈던 메릴랜드대학 경제학과 교수(1969~1998년)로 채워졌다.

올슨 교수의 첫 번째 저서인 『집단행동의 논리』는 1965년에 출간되었고, 그 당시 새로운 분야로 떠오르고 있었던 '공공선택학'(public choice)의 초석을 다지는 저서로 평가받고 있다. '공공선택학'이란 '시장의 규율을 따르지 않는 조직들 – 예를 들면, 정부들, 노동조합들, 이익집단들 등 – 내에서 경제적 의사결정이 어떻게 이루어지는지'를 연구하는 학문 분야를 말한다.

1) *The Economist*, 1998년 3월 5일자.
2) *The New Yok Times*, 1998년 2월 24일자.

이러한 이유로 공공선택학은 '비(非)시장부문에 대한 연구'로 알려져 있다. 그러나 그의 가장 광범위하게 논의되는 저서는 1982년에 출간된 『국가의 흥망성쇠』로 이를 통해 올슨 교수는 '각국의 경제가 궁극적으로 왜 정체되는지'를 예리한 통찰력을 가지고 명쾌하게 설명하고 있다.

메릴랜드대학의 동료 교수인 토머스 셸링(Thomas Schelling) 교수에 따르면 "올슨 교수의 업적을 기리기 위한 학술회의가 여러 차례 열린 바 있다. 많은 사람들이 이구동성으로 올슨 교수는 경제학자였지만 정치학자들과 사회학자들 사이에 항상 더 잘 알려진 '특이한' 경제학자들 중의 한 사람이었다"고 술회한 바 있다.

올슨 교수는 그의 예리한 통찰력을 '실용적인 사용으로의 접목'을 꾸준히 시도하였고,[3] 마침내 1990년에 메릴랜드대학 내에 '제도개혁 및 비공식부문 연구소'를 설립하였다. 이 연구소는 미국의 국제개발청(Agency for International Development)으로부터 기금을 받아 운영되며, 러시아에서 이집트에 이르기까지 30여 개 국가들에 대해 제도개혁과 경제정책에 관해 자문을 해주고 있다.

3) 이를 우리식 관념으로 표현하면 '실사구시의 정신'이라 할 수 있다.